大夏书系·吴正宪教育教学文丛

听名师评课

吴正宪 武维民 范存丽 编著

华东师范大学出版社
·上海·

图书在版编目（CIP）数据

听名师评课/吴正宪，武维民，范存丽编著. 上海：华东师范大学出版社，2024.
—ISBN 978-7-5760-4751-6

Ⅰ.G623.502

中国国家版本馆 CIP 数据核字第 2024JA6871 号

大夏书系·吴正宪教育教学文丛

听名师评课

编　　著	吴正宪　武维民　范存丽
策划编辑	任红瑚
责任编辑	张思扬
责任校对	杨　坤
封面设计	淡晓库

出版发行	华东师范大学出版社
社　　址	上海市中山北路 3663 号　邮编 200062
网　　址	www.ecnupress.com.cn
电　　话	021-60821666　行政传真 021-62572105
客服电话	021-62865537
邮购电话	021-62869887
地　　址	上海市中山北路 3663 号华东师范大学校内先锋路口
网　　店	http://hdsdcbs.tmall.com/

印 刷 者	北京密兴印刷有限公司
开　　本	700×1000　16 开
印　　张	14
字　　数	185 千字
版　　次	2024 年 7 月第一版
印　　次	2024 年 7 月第一次
印　　数	5 100
书　　号	ISBN 978-7-5760-4751-6
定　　价	58.00 元

出 版 人　王　焰

（如发现本版图书有印订质量问题，请寄回本社市场部调换或电话 021-62865537 联系）

吴正宪教育教学文丛

本册编著　吴正宪　武维民　范存丽

编委名单（按姓氏笔画排列）

丁凤良　于　萍　王　欣　王　洋
王秀杰　王彦伟　王翠菊　史冬梅
刘文波　刘劲苓　刘金玲　许淑一
孙贵合　李海艳　李继东　李朝霞
杨　静　张　永　张　丽　张　艳
张继青　陈千举　金　英　孟　颖
赵　东　赵　阳　赵　震　祝　薇
姚　颖　倪　芳　高雪艳　郭　然
郭月红　韩玉娟　薛　铮　鞠淑芳

总　序

由华东师范大学出版社2012年出版的"吴正宪教育教学文丛",受到广大一线数学教师的喜爱。正逢丛书走过第十个年头的今天,迎来了《义务教育数学课程标准(2022年版)》的颁布。借此时机,我们再学习、再实践、再反思……

十年来,我和老师们一起耕耘在三尺讲台,一边学习,一边实践,一边研究。我们不断践行并丰富了儿童数学教育思想,向"专业地读懂教材,智慧地读懂课堂,用心地读懂儿童"迈进了一步,获得了一些教育感悟,积累了一些教学经验,为今天的再版修订提供了基础。

这十年,儿童数学教育理论及儿童数学教育实践的体系建设成为我们专业发展上的一个重要里程碑。我们更加深刻而坚定地认识到数学教育首先要关注儿童的需求,遵循儿童的认知规律开展学习活动。教师要想方设法调动儿童自主学习的兴趣和积极性,努力发展核心素养,落实教育目标。我们站在儿童的视角从核心问题入手,围绕关键能力的培育设计有价值的学习任务,开发儿童潜能,启迪儿童智慧,建立儿童自信,关注儿童人格健全发展,落实五育并举、立德树人,承担起为党育人、为国育才的重任。

这十年,我们有幸参与了教育部课程中心领衔的"深度学习项目"研究实践;有幸参与了《义务教育数学课程标准(2022年版)》的修订和解读研究;有幸走近大学的数学教育专家,与数学家面对面地对话研讨，让我们对数学的本质有了更加深刻的认识，对"确立核心素养导向的课程目标"，强调课程内容的组织"重点是对内容进行结构化整合，探索发展学生核心素养的路径"有了全新的感悟和理解。我们站在内容结构的整体视角，开展主题教学，对什么是"好课堂"有了一些新思考，积累了一些新案例，提炼了一些新策略，愿意和读者一起分享研究。

回望走过的十年，伴随着国家教育改革发展的脚步，我们一起成长。我带领团队成员践行从"数学教学"走向"数学教育"的育人目标；坚守"好吃又有营养"的儿童数学教育主张；努力建好数学学习的"承重墙"，打通"隔断墙"；提炼升华儿童数学教学策略；丰富完善儿童数学教育的理论体系和实践策略。

十年后的今天，这套丛书修订再版，这是一次很好的再反思、再总结、再提升的重要机会。我们特别愿意再一次与教育同行们共同思考儿童数学教育的意义，深入追问儿童数学教育的价值。我们愿意将多年来对儿童数学教育的感受、理解与实践，特别是把十年来我们对儿童数学教育的新探索、新思考、新实践，与教师朋友们分享，希望能带来一些新的启迪与思考。我们愿意和大家一起继续为高质量的儿童数学教育努力。祝愿所有的小学数学教师能在工作中享受到儿童数学教育带来的幸福和快乐，实现教学相长的自我超越！

北京教育科学研究院　吴正宪
2022 年 8 月

前　言

做了近30年的教研员，评课成了我工作中的重要内容之一，也是我的教研工作中重要的经历。我时常回忆起与教师们一起听课、评课的情景，那些别开生面的互动评课让人难以忘怀，它曾带给我和团队成员们许多思考和启迪。有一位团队成员问我："老师们观课后很想听到评课，很想知道课为什么这样设计。能不能把您评课的内容梳理出来，让我们一起分享对儿童数学教育的理解和感悟呢？"能把自己听课的体会以及对数学教学的见解和感受与老师分享、交流，是我很乐意做的事情，于是我的团队成员们开始收集整理材料，逐步形成文章。

我时常在思考：为什么要评课？谁来评课？怎样去评课？在课程改革的背景下怎样体现教、学、评的一致性，为评课赋予新内涵？

顾名思义，评课即评价课堂教学，是对一节课教育教学效果的评价。传统意义上的评课更多侧重于对教师的评价，侧重于对教材教法的评价，侧重于对课堂教学效果的评价。随着课程改革的深入，随着教与学方式的优化，评课的方式和作用也发生了改变。

多年来我们不断探索评课的方式、方法，通过实践我们认识到，评课不仅要研究教材教法，更要研究教育思想；不仅要研究教师的教，更要研究学生的学。评课是在听课活动结束之后的教学延伸，评课不是一人说了算，而是要引发教师们参与，要互动评课，要从多角度来思考课堂教学。此外，教师还要用心研究学生，通过学生的需求来反思自己的课堂教学。

因此，评课应该成为促进教师交流、共享智慧的重要手段，以帮助教师更新教育理念、研究教学方法、提高综合育人能力。

在评课中，我们关注了三个方面：一是注重对学生的课后访谈，倾听来自学生的声音，让学生参与评课，以学生的视角评价教师的课堂教学，以学论教。二是注重与教师对话，使教师在交流与思考中互相启发，提出好的观点、好的方法，教师既是智慧的分享者又是智慧的奉献者。三是注重方向引领，评课不应仅仅着眼于一节课在技术层面的设计，更要引领教师对课堂教学背后的教育理念及数学教育价值的讨论，使评课成为促进教师专业发展的有效途径。

本书主要从以下三个方面与大家分享、交流。

第一部分记录了我对教师课堂的点评式评课，通过对一节课或一个教学片段的点评，引导教师对"准确制定课堂教学目标、整体把握教材、有效设计教学活动、师生互动、学生主动参与"等方面进行思考。

第二部分记录了我与教师在课后的对话式评课。我一直认为教师是重要的教学资源，教师的自我评课反思很重要。每位教师在教学实践中都有许多印象深刻的故事，都有自己的教学理念和方法。对话式评课集中了教师的思想和智慧，是对评课的丰富，是对教学资源的共享。通过与教师对话，我得以了解教师在教学中真实的想法和困惑，这样的评课针对性强，也促进了教师的主动反思。

第三部分记录了我与学生的互动式评课。这是团队多年来一直坚持的一种评课方式，即通过课后对学生的即时现场访谈，从学生的视角评价课堂教学，使学生成为评课的重要资源。来自学生的感受是最真实的，带给教师的思考也是更深刻的。当然，课后访谈的问题需要精心设计，需要访谈者有准确的洞察力和敏锐的捕捉力，以及对课堂生成的准确把握。对学生的访谈会带给教师深刻的思考，从而有效地改进课堂教学。

我们期待着这本书能够引发读者对数学教育价值、对有效课堂教学实践与评价等问题的再思考和讨论。在此我衷心地感谢张铁道博士对丛书的统筹谋划和思想引领，感谢范存丽、武维民老师带领团队成员们在梳理过程中所做出的努力，感谢华东师范大学出版社为我们的团队提供研究平台，感谢编辑任红瑚为本书写作所提供的建议和帮助。

由于学识有限，再加上时间仓促，本书难免会有一些问题和疏漏之处，敬请各位读者包涵与指正。

吴正宪

2023 年 12 月

目 录

第一辑 吴老师与教师的点评式评课

1. 让恰到好处的提问成为课堂教学的"催化剂"
   ——评薛铮老师执教的《三角形的分类》   3

2. 在有效的学习活动中建立数的概念
   ——评王欣老师执教的《1000以内数的认识》   11

3. 凸显数学本质,培养数学思维
   ——评潘小明老师执教的《点图与数》   20

4. 引导学生亲身经历知识的形成过程
   ——评赵震老师执教的《生活中的负数》   26

5. 为学生创造自主探究的学习空间
   ——评于萍老师执教的《小数加减法》   36

6. 在探索中发现问题,提出问题
   ——评孙贵合老师执教的《三角形边的关系》   44

7. 建构数的意义,发展学生数感
   ——评倪芳老师执教的《11~20各数的认识》   51

8. 为学生创设有效的学习环境
   ——评高雪艳老师执教的《质数与合数》   60

9. 抓联系，让枯燥的计算有滋有味
　　——评张艳老师执教的《小数乘法》　　　　　　　　65

10. 知"法"明"理"，提高学生的运算能力
　　——评许淑一老师执教的《一个数除以小数》　　　72

11. 整体把握教材，发展学生空间观念
　　——评王彦伟老师执教的《图形的旋转》　　　　　77

12. 在真实的问题解决中发展数学思维
　　——评韩玉娟老师执教的《设计包装箱》　　　　　85

13. 在综合实践活动中让儿童爱上数学学习
　　——评王洋老师执教的《身上的"尺子"》　　　　93

第二辑　吴正宪与教师的对话式评课

14. 让分数变得灵动起来
　　——与张永老师对话《分数的意义》　　　　　　　103

15. 方程就是讲故事
　　——与陈千举老师对话《方程的意义》　　　　　　108

16. 让学生走上前台
　　——与武维民老师对话《估数》　　　　　　　　　115

17. 关注学生思维过程，启迪学生智慧
　　——与赵东老师对话《用字母表示数》　　　　　　119

18. 巧思妙想变智慧
　　——与王翠菊老师对话《角的度量》　　　　　　　127

19. 估算开辟了一种新的解决问题思路
　　——与赵阳老师对话《用估算解决问题》　　　　　132

20. 围绕本质，建立联系
　　——与刘金玲老师对话《分数加减法》　　138

21. 从未知走向已知
　　——与史冬梅老师对话《两位数乘两位数的笔算乘法》　　143

22. 在认识小数中感悟数的一致性
　　——与李朝霞老师对话《小数的意义》　　147

23. 把握度量的一致性，促进深度学习
　　——与郭然老师对话《圆的面积》　　153

第三辑　吴正宪与学生的互动式评课

24. 画出来的理解
　　——评郭月红老师执教的《两位数加一位数》　　165

25. 举个例子，一下就明白了
　　——评于萍老师执教的《小数加减法》　　169

26. "嘟啵嘟啵"拨出的弦外音
　　——评赵震老师执教的《圆的周长》　　172

27. "真有才"与"好失落"
　　——评丁凤良老师执教的《圆的认识》　　175

28. "您怎么知道我的知道"
　　——评张继青老师执教的《用字母表示数》　　180

29. "又矮又胖的不是圆柱"
　　——评杨静老师执教的《认识图形》　　183

30. "乘就乘吧，为什么还要加呢"
　　——评李海艳老师执教的《两位数乘三位数的乘法》　　187

31. "我怎么就数错了呢"
    ——评祝薇老师执教的《平移和旋转》　　　　　　　191

32. 课堂上的场外追问
    ——评刘祖文老师执教的《可能性》　　　　　　　　195

33. "数学知识其实就是换汤不换药"
    ——评刘文波老师执教的《比例尺的应用》　　　　　200

34. "老师让我们帮他解决问题"
    ——评李继东老师执教的《购物中的数学》　　　　　205

后　记　　　　　　　　　　　　　　　　　　　　　　　　209

第一辑　吴老师与教师的点评式评课

多年来，吴正宪老师作为教研员经常走进学校，深入基层听课、评课，与教师、学生交流对话。不管是繁华的都市，还是边远的山村都留下了她的足迹。吴老师以她对教育事业的热爱与激情，以她对儿童数学教育的理解和教育智慧，呈现了一节节精彩的数学课，一个个"好吃又有营养"的专题报告，尤其是她对一线数学教师课堂教学的现场点评给大家留下了深刻的印象。她的点评里不仅有理念的诠释，还有操作的指导，更有方向的引领。教师们从她的评课中汲取着营养，并为她的人格魅力所感染和影响。

在吴老师的评课中，老师们感悟着吴老师的教育智慧和人格魅力，体悟着什么叫"专业地读教材，用心地读学生，智慧地读课堂"。

1. 让恰到好处的提问成为课堂教学的"催化剂"
——评薛铮老师执教的《三角形的分类》

在课堂教学中，老师们普遍很重视课堂教学提问，但是教师的提问以记忆性问题、判断性问题居多，而思考性问题、批判性问题少之又少。"高密度、低水平"的提问屡屡出现，在课堂中形成了老师不断地问，学生不停地答，师生忙得不亦乐乎的情形。课堂中如何设计提问呢？我们来看看北京黄城根小学薛铮老师上的一节《三角形的分类》。

【片段一】
教师出示8个三角形。
师：今天，我给大家带来了形态各异的三角形，要想进一步研究它们，可以采取什么样的方法？

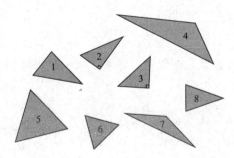

生：测量。
生：比较。
生：分类。
师：今天，我们就运用分类的方法进一步研究三角形。（板书课题）

【片段二】

教师提出合作要求：

1. 先确定分类的标准，再分类。
2. 试着把每一类的独特之处表示在图上。

学生按角分类的结果如下：

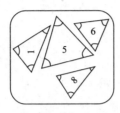 

师：请同学们观察他们画在图上的小标记，为什么在锐角三角形中要把三个角都画上呢？

生：因为其他两类三角形中也有两个锐角。

【片段三】

师：（指3号图形）谁能上来指指这个等腰三角形的各部分名称？

一名学生顺利指出三角形的各部分，当遇到顶角时，该学生歪着头看着这个"躺着"的三角形，挠着头问道："老师，我怎么找不着顶角了呀？"

【片段四】

师：下面我们就利用这些知识，帮助小蚂蚁找到进洞的线路。

1. 把答案画在书上。

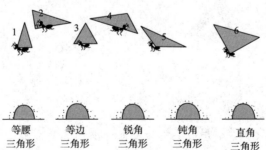

教师点名要求学生汇报。

生：图形1和"等腰三角形"连，还和"锐角三角形"连。

师：一个三角形怎么会有两个名字呢？

生：因为它既符合等腰三角形的特征，也符合锐角三角形的特征。

师：看来，观察三角形角度不同，名称也就不同。

……

2. 猜图形。

（1）露出一个直角。

（2）露出一个钝角。

（3）露出一个锐角。

练习难度不断加大，学生们相互补充着。

生：可能是锐角三角形。

师：上面两个图形只露出一个角，你就敢判断，为什么第3张图你就不敢判断它一定是什么三角形呢？

生：它可能是直角三角形。

生：还可能是钝角三角形。

生：还可能是等腰三角形。

师：为什么没有人猜是等边三角形呢？

生：不可能是等边三角形，它的这个角小。

教师顺手摘下了贴在黑板上的等边三角形中的一个角与它进行对比。这时，喜羊羊躲开了。教师利用多媒体的直观性验证了学生们的想法。

(4) 露出两个一样大的角。

生：它一定是等腰三角形。

生：它可能是锐角三角形。

师：它为什么不会是等边三角形？（一石激起千层浪）

生：因为这个三角形的两条边不可能很快相交。

师：你怎么知道的？

生：我想的，这两条边敞得比较大，延长后不会很快相交。（学生边说边比划）

生：老师，它不可能是等边三角形，等边三角形的三个角都是60°，我可以用等边三角形的一个角去跟这个角比一比。（说着，学生马上走到前面用黑板上的等边三角形纸片，去测量它的角是不是60°。）

(5) 三根小棒摆三角形。

出示：5厘米、6厘米、6厘米的小棒。

喜羊羊：可以围成什么三角形？

师：（提示）按角想，会是什么三角形？

结合老村长的提示，学生再次展开想象的翅膀。

电脑演示：

师：（指两条腰）如果这两条边是6厘米呢？

生：顶角会比刚才尖一点。

教师再次发挥电脑优势，进行直观演示：

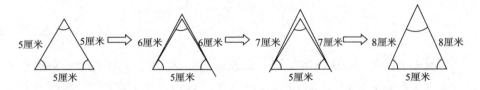

师：如果底边不变，这两腰变成7厘米、8厘米、9厘米呢？

教师继续引导学生想象：两腰的长度不变，底边变化了又会怎么样？

吴老师评析

回顾薛老师的课堂,以下几点给我留下了深刻的印象:

1. 以问题呈现的方式开门见山地引入新课

上《三角形的分类》这节课时,很多老师运用大量图片,比如自行车的模型图、奥运会的鸟巢等。还有些老师为了凸显分类,在屏幕上呈现了满满一屏图形,先分成立体和平面两种图形,再分成直边围成的和曲边围成的,接着分成四条边围成的和三条边围成的,最后聚焦到三角形,开始本课的教学。按说从生活中来,这是新课标所提倡的,可以让学生体会到三角形在生活中的价值,但联系教学内容和学生已有知识基础来看,在学习上一节课时,就是从生活中、模型中"抽"出了几何中的三角形,而学生从一年级就已经开始学习分类了,本节课没有必要再对此大做文章,所以这节课老师以问题呈现的方式开门见山地导入新课,干净利索,教学的设计有取有舍,显出了老师的智慧。

2. 巧设核心问题,促进学生认知发展

我们常说:细节决定成败。这节课巧在细节,薛老师的教学很细腻,借助合作,引领孩子们直奔主题,节省了时间。通过画"标记"使思考活动外显,其独特之处在于引领学生在画的过程当中寻找图形的本质特征。

对于上图中学生画出的标记,薛老师追问:"为什么在锐角三角形中要把三个角都画上呢?"此问题与前面的合作要求"遥相呼应",帮助学生厘清三种三角形的联系,使模糊的认识逐渐清晰起来。

学生找不着3号图形的顶角,这又是老师的精心设计——从数学的本质出发,直面学生认识中出现的问题。老师反问:"什么是顶角呢?"使学生明确名称不受三角形位置的干扰。判断概念,就要从概念出发提出问题,然后进行比较,这是一种重要的用数学概念判断的方法。

一个优秀的数学教师,在一节课中一定有几个主线的提问,能将这节课的魂抓住。本节课上一个又一个精心设计的问题,就彰显了数学的本质,使这节课显得简洁而深刻。

数学的学习方法是"授之以鱼"还是"授之以渔"?显然,传授方法的数学学习,才能满足学生可持续发展的需要。

3. 在不露痕迹的追问中深化认识

薛老师的练习设计精心且层层递进,深入主题。

(1)连线练习的提问很巧妙。老师问:"一个三角形怎么会有两个名字呢?"(如右图)提问再一次直面数学的本质,使学生明确观察的角度不同,得到的结论也就不同,从而感受到了分类的多样性。其实,教师装糊涂也是一种教学智慧,该把讲台让给学生时,教师就要慷慨地退下去,该出手的时候,教师就要勇敢地站出来。因此我提倡教师要学会等待,等待是一种教学理念,等待是一种教学策略,等待是一种教学艺术。

(2)猜图形的环节高潮迭起。首先,薛老师利用了学生们喜闻乐见的卡通形象喜羊羊,使学生在愉悦的气氛中开始了层次鲜明的练习。

其次,薛老师不但让学生判断"这是一个什么三角形",还让学生判断"这还可能是一个什么三角形"。每一位学生都在积极思考,这样的练习拓宽了思考的角度,加深了学生对三角形特征的认识。

再次,对于只露出一个锐角的三角形,教师摘下黑板上的等边三角形和露出的锐角进行比较,这一看似随意的举动使学生在获得方法的同时,更领略到了等边三角形的"变化"的边中隐藏着"不变"的角的特点。

想象力是创造的基础,薛老师抓住了有思考价值的资源,结合露出两个一样的角的三角形,提出了有思维力度的问题:"它为什么不会是等边三角形?"给足学生想象的空间,迫使学生"比划"出了结论,并主动运用刚才的方法,即取下等边三角形进行比较,验证自己的想象。

最打动学生的是最后一个练习,它综合了本节课所学知识,充分借助想象力,帮助学生再一次在头脑中进行建构,明确三角形的本质特征,并让学生带着一个新的解决问题的视角走出课堂,继续他们的思考。

本节课薛老师始终围绕三角形的分类,提出有价值的问题,组织有效的数学学习活动,让学生在操作中不但掌握了知识,更感悟了分类的思想,同时感受到想象创造的价值。

什么是一节好的数学课?好课要有思维的分量,有思考的深度,这在很大程度上来源于问题的巧妙设计。在这节课中,我感受着学生自主的建构,一个个看似随意的小问题,激发了学生的兴趣,更满足了学生内在的认知需求,深化了学生的认识,使课堂充满了数学味。

◯ 团队成员感悟

吴老师紧紧抓住本节课的教学特色之一,给我们解读了教学中的一个重点话题:如何有效地设计课堂提问。吴老师的点评使我们认识到,有效的问题是教学设计的重要内容之一,问题是提高课堂思维含量、激发学生思考兴趣、提升学生探究能力的核心因素。我们在问题的设计中要关注核心问题、启发性问题、连续性问题等,真正让学生在发现问题、提出问题、分析问题、解决问题中提升课堂教学的有效性。

(本节课获"北京市基础教育优秀课堂教学设计评选"一等奖)

2. 在有效的学习活动中建立数的概念

——评王欣老师执教的《1000 以内数的认识》

《1000 以内数的认识》是一节重要但略显枯燥的数的概念课。如何让二年级的小学生在 40 分钟的时间内，精神饱满、兴趣盎然地投入学习？怎样紧紧抓住数学知识的形式美和内在美的和谐统一，有效地帮助学生获取知识，启迪学生的思维？如何让学生感悟数概念本质的一致性，初步培养学生的数感和符号意识？我们来看看北京芳草地国际学校远洋小学王欣老师执教的《1000 以内数的认识》，或许能给我们带来一些启示。

【片段一】

课堂伊始，教师出示 3 个瓶子，里面分别装有 500 粒、100 粒、1000 粒黄豆。

师：在前面的学习中，我们已经认识了 100 以内的数。请你猜一猜哪瓶黄豆的个数不多不少正好是 100 粒。

生：我猜是中间那瓶。

生：我也认为是中间那瓶。

师：那其他两瓶有多少粒呢？

生：500 粒。

生：1000 粒吧。

师：同学们对数的感觉都很好，你们都认为其他两瓶比 100 粒多得多啊！1000 有多大呢？今天我们就一起来学习"1000 以内数的认识"。

【片段二】

教师提供方块计数卡。

师：数数你们手中的方块计数卡有多少块。

学生两人一组合作数。

生：我们组的有37块。

生：我们组的有100块。

师：在数的过程中用到了哪些学过的知识？

生：数的过程中我们用到了10个一是1个十，10个十是1个百。

教师板书：10个一是1个十，10个十是1个百。贴图如下：

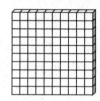

师：你们找到1000了吗？怎么办？

生：我们合起来数吧。

生：我们需要黑板上那么大的方块计数卡。

教师满足学生需求，继续数数活动。师生一起计数1000，教师在黑板上用方块计数卡贴出一个正方体，如下图所示。

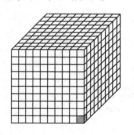

教师播放课件，展示1000的计数过程——小正方体叠加，直至形成一个大正方体。先出现1个一，再出现10个一是一十，10个十是一百，10个百是一千。

【片段三】

教师介绍投掷比赛规则，请学生当记分员，为小选手汇总成绩。

课件演示第一位选手投掷情况：

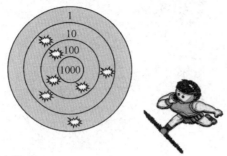

师：你是怎样记录的？

生：我在计数器上记录了 3 个百、3 个十和 1 个一，这位选手得了 331 分。

师：331 是由几个百、几个十、几个一组成的？

生：331 是由 3 个百、3 个十和 1 个一组成的。

教师在第一个计数器下面写下成绩"331"。

课件演示第二位选手投掷情况：

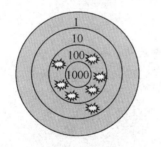

师：同桌互相说说是怎样记录的。

生：我在计数器中记录了 6 个百和 1 个十，第二位选手得了 610 分。

师：只写 6 和 1 行不行？

生：不行，这么写是 61。

生：可以，6 写在百位上、1 写在十位上，就是 61 个十，就是 610 呀。

师：哦，在数位表中可以看出是 61 个十，是 610，如果把它"推"出去呢？

生：那可不行，要用"0"占位。

师：看来 0 的作用还真不小啊！

课件演示第三位选手投掷情况：

师：你们是怎样记录的？

生：我在计数器上记录了 1 个百和 5 个一，三号选手得了 105 分。

师：看看你们的记录单，这三位选手的成绩怎样？

生：105<331<610。

生：第三位选手只投了 6 次，而其他两位选手投了 7 次，这样比赛不公平。

师：就请你帮这位选手补上这一投。

学生改写第三位选手的成绩，再排名次：331<610<1105。

师：比赛结束了，我们来给三位选手发奖。一等奖将得到一辆遥控小汽车，读出它的价钱。

生：三百八十二元。

师：三等奖将得到一架飞机模型，读出它的价钱。

生：二百零四元。

师：二等奖的奖品是小火车，请你猜猜它的价钱。

生：在 382 元和 204 元之间。

师：对，二等奖的钱数比一等奖的钱数要少得多，比三等奖的钱数多一些。请你在380元、220元、196元三个价钱中，选择合适的价钱，说说你是怎么想的。

【片段四】

出示下图：

师：同学们猜对了小火车的价钱，让我们一起给小火车的车厢编号。如果中间这节车厢号是800，那么你认为其他各节应是多少？试着写一写。

生：798、799、800、801、802。

师：这样编号合理吗？为什么？

生：一个一个地数，依次多1。

师：还可以怎样编号？

生：一个百一个百地数，600、700、800、900、1000。

生：8、80、800、8000、80000。

师：这样编号可以吗？谁看懂了？

生：可以，意思是8个一、8个十、8个百、8个千。

师：同学们太了不起了，老师要为你们颁奖。请你猜猜有多少张贴画。

生：500张。

生：1000张。

生：10000张。

师：要想准确地说出小贴画的张数，一定要有标准。请看（出示一张正方形卡片，上面贴有100张小贴画）这是100张，那这儿有多少张呢？

生：有400张。

师：猜对的同学得到一枚小贴画（给第一个猜对的孩子贴一张），那现在还剩多少张？

……

每贴出一张，学生回答一次，练习倒着数1000以内的数。

吴老师评析

回顾王老师的课堂，以下几点让我印象深刻，愿与老师们分享。

1. 精心创设学习情境，积极有效的参与使学生学得有趣味

这节课以情境教学贯穿全课，情境设计并不是简单的取悦学生的游戏，而是创设了学生主体参与的一条主线，激励学生主动参与、主动实践、主动思考、主动探索。

课开始的引入部分，王老师拿出三个装有不同数量黄豆的瓶子，请学生来猜一猜，哪一瓶不多不少正好装着100粒。学生瞪大眼睛观察着，猜测着，这一环节吸引了学生的注意力。学生以100粒作为标准，很快猜出另外两瓶是500粒、1000粒时，1000就这样自然地引出了。在这个"猜一猜"的活动中，学生体会到要进行估测，首先需要选择、确定一个标准，找到一个合适的估测单位。接着，老师又提供了可操作的画有100个小正方形的方块计数卡，请学生边摆边数，由于每个同学手中的计数卡数量有限，便促成了学生小组合作共同来凑1000的愿望。在这个过程中，学生不仅感受到1000的大小，而且也体会到了合作的意义。

接下来的情境就更有童趣了，王老师邀请全班同学到投掷比赛的现场当记分员，孩子们立刻情绪高涨、跃跃欲试。电脑屏幕上小选手的每一投都牵动着孩子们的心，所有学生都尽职地充当记分员。愉悦、和谐的氛围弥漫在课堂上，孩子们在直观的操作中理解着抽象的数，很轻松地掌握了1000以内数的组成和数的读写。然而，情境创设并没有就此停止，有比赛就要有排名，学生们的角色自然地由记分员转换成裁判员，主动地比较起数的大小。老师及时地鼓励了学生主动学习的精神，为积极参与课堂学习的同学发起奖来。在这里，王老师也"吊"足了学生的胃口，要想得到奖品——小贴画，首先要猜出小贴画的个数，估算的技能在这一环节得到了巩固。

学生数感的建立不是一蹴而就的，是在现实背景下逐步感受和体验中建立起来的。王老师在本堂课的教学中结合学生身边具体、有趣味的事物，让学生感受数的大小，在数学教学过程之中培养学生的数感。从上课开始时的

估豆子，到给投掷选手发奖品时二等奖的价钱"比一等奖的钱数要少得多，比三等奖的钱数多一些"等环节，都能体现出老师有意识地对学生进行数感的培养。直到临下课的最后一分钟老师要送给全班小礼物时，依然不放过培养学生数感的机会。老师拿出一张学生喜欢的小贴画纸，让学生猜猜这张纸上有多少个小贴画。当学生盲目地喊出"500""1000""10000"时，老师并没有急于揭示答案，而是又拿出一张贴满小贴画的纸，放在刚才那张大纸的旁边，轻声地说这是 100 个。在这样的举动之后，学生马上准确地说出"400 个"。这一小小的细节反映了老师的智慧，教学中的估数绝对不是为了估而估，而应在估的过程中教给学生估计的方法、估计的策略，即估计需要一个标准为依据。

整节课的情境设计符合学生的认知规律和学习心理，形式活泼，轻松自然，但又没脱离对数的概念的学习。在具体、有效的学习情境中，踏踏实实地落实课标的精神，培养学生的数感，将提高学生的数学素养落到实处。

2. 重视核心概念的理解，感悟数认识本质的一致性

"数与代数"的内容在义务教育阶段数学课程中占有重要的地位，是学习数学相关知识的重要基础。《1000 以内数的认识》正是"数与代数"这部分知识中一个重要的章节，是学生从学习百到认识万的一个过渡，是学生进一步学习较大数的基础，其中蕴含着许多重要的数学概念。王老师在这堂课中对这些概念给予了关注，将基础知识的教学落到实处，做到了为基础知识定好位，打好桩！

本节课为了实现"认识计数单位千，发现每两个相邻计数单位之间的十进关系"这一教学目标，王老师精心地安排了三个层次的活动。首先，请学生们动手数方块计数卡，充分体会数是数出来的。让学生在数的过程中复习 10 个一是一十，10 个十是一百，为后面学习新知识做了重要的铺垫。当学生用手中的计数卡找不到 1000 时，老师及时鼓励学生将手中的计数卡凑在一起数。1 个百，2 个百，3 个百……9 个百，10 个百，老师追问：10 个百是多少？学生齐答：10 个百是一千。新知识的学习水到渠成。王老师并没有就此停止，她又把 10 张以一百为单位的方块计数卡叠加在一起，和同学一

起在黑板上摆出了1000。当1000个小正方体直观地出现在学生面前时,他们不仅在头脑中清晰地建立了1000的表象,而且得出一个重要的结论:10个百是一千。学生在经历、感受中体验着知识形成的过程。

接着,王老师借助电脑课件演示了由1个一到1个十到1个百,再到1个千的过程,计算机由一个点到一条线,由一条线到一个面,由一个面到一个体,数形结合很好地帮助学生将知识进行了梳理,建立了空间观念,形成了个、十、百、千之间的知识框架。计算机的使用并不多,但画龙点睛,恰到好处。

最后,王老师又让学生用手中的计数器卡片模拟计算机的演示过程。学生们边拨珠,边叙述:1、2……9、10,10个一是一十;10、20……90、100,10个十是一百;100、200……900、1000,10个百是一千。通过动手操作将知识进行内化。学生对1000这个概念的建立不是一次完成的,而是循序渐进、层层深入、不断完善的。这个知识很浅,但教得很厚实,环环相扣,直逼思维深处,充分体现了在有限的40分钟内,给核心概念以中心地位的理念。

3. 注重提供体验过程,引导学生在亲身经历中理解数的组成

课程改革以来,大家越来越强调让学生经历知识形成的过程,教师们努力创设一些让学生亲身经历的实践活动,让学生通过认知、体验和感悟,在实践过程中获得新的知识、技能、态度和方法。

在教学这节较枯燥的概念课时,王老师为学生提供了体验和感悟的过程。在教学数的组成、数的读写时,为学生创设了一个打靶的游戏,学生通过给三位选手记分,体验数的组成;通过汇报选手的得分,进行数的读写练习。以给第一位选手记分为例,他七次投掷的得分是:100分、10分、10分、1分、100分、10分、100分,学生在计数器上记录完后,老师问:"你是怎样记录的?1号选手的最后得分是多少?"学生回答:"我是这样记录的:百位上有3条横线,表示3个百;十位上也有3条横线,表示3个十;个位上有一条横线,表示1个一。3个百、3个十、1个一,合起来是331,所以1号选手得331分。"教师的设计让学生在看、听、说、写的过程中充

分体验了数的组成。

王老师对三个数的设计也是非常用心的，第一个数是331，第二个数是610，第三个数是1105。在处理第二个数时，老师对齐数位表的百位写6，十位写1，没有写个位上的0，问学生这样写610可以不可以。当学生意见出现分歧时，老师用了一个轻轻"推"的动作，说：如果把61推出数位表，它还能表示6个百、1个十吗？让学生在想象中体会数位表中的6个百、1个十，如果离开数位表就成了61，就不能表示6个百、1个十了，所以，个位上的0必须写。王老师通过这样一个肢体语言，让学生在想象中体会，在体会中感悟"0"占位的意义。整个过程质朴无华，教学无痕，而教师的用心处处有痕！

团队成员感悟

吴老师紧紧抓住本节课的教学特色之一，给我们解读了如何开展有效的学习活动，通过抓住核心概念，促进学生对数概念的深度理解。《1000以内数的认识》是学生从学习百到认识万的一个过渡，本节课把理解数的意义，感悟数的大小作为重点，突出对计数单位"千"的认识，并引导学生发现每两个相邻计数单位之间的十进关系，促进了学习的结构化和整体化，为学生进一步学习较大数奠定基础。

3. 凸显数学本质，培养数学思维

——评潘小明老师执教的《点图与数》

每每走进特级教师潘小明的课堂，都会为他全身心的投入以及他与学生真诚的交流而感动，为他的教学智慧和理性的数学思考所打动。他对数学教育的独特视角与解读，的确值得我们好好研究。

《点图与数》一课选自上海数学教材第四册。该教学内容由三道题组成：

第一题，通过5个点图及相应的算式，直接告诉学生这些都是平方数。提问："你能接下去说出几个平方数？"

第二题，将4个相同的平方数点图拼合在一起变成一个新的平方数点图，提问："4个相同的平方数点图拼合在一起，会变成什么？"

第三题，介绍"奇数与平方数"。教材用添加点子的方法逐个出现新的平方数点图，并与加法算式相对应，试图让学生发现奇数与平方数之间的关系。

显然，教材中的三道题，从表面上看都是指向答案的。如果教师不能把握住数学核心概念的本质，不能深刻理解教材、有效地运用好教材，不能给学生充分探索思考的空间，只是顺水推舟地讲一讲、问一问、练一练，也许会很快"顺利"地完成教学任务。试想，这样的教学会有怎样的学习效果？

第一道题，如果教师只让学生看着书上的点图和算式接着说，学生可能会不假思索地直接说出平方数应该是"$6×6=36$，$7×7=49$，$8×8=64$……"学生照葫芦画瓢，没能对"平方数"的本质有更深刻的理解。

第二道题，如果教师只是让学生按照教材把四个同样的平方数点图拼合在一起，学生也会很"顺利地"发现这样拼合下去会变成一个个新的平方数。但是，学生独立思考、合作探究的思维空间就会比较小，学生也很难对

"至少4个相同的平方数能拼成一个新的平方数"抽象、概括的过程有充分的体验与感悟。

第三道题同样如此，如果教师只让学生看着书上的点图和算式接着写下去，学生也会"顺利地"写出"1＋3＋5＋7＋9＋11＋……"，但是学生却失去了一次在数与形的结合中发现、理解奇数与平方数之间的规律的重要探索机会。

那么，怎样拓展学生的思维空间，让学生在尝试解决问题的过程中逐渐学会发现问题、提出问题，提高分析问题的能力呢？如何让学生在观察、猜想、试验、尝试中抽象、概括出数学规律呢？潘小明老师是如何基于教材例题，抓住数学本质，对问题重新进行整理规划，引导学生积极主动学习的呢？

吴老师评析

让我们一起走进潘小明老师的课堂，感受他的数学教学理念与实践。

1. 抓住数学核心概念，引导学生深刻理解"平方数"的含义

潘小明老师是这样处理第一题的：首先请学生用点图表示1、2、3、4……，并引导学生想象，要表示数1、2、3、4……应该拿几张"1"这样的点图？用它可以拼成一个什么图形？能写出怎样的算式？

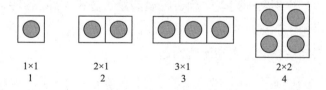

对数字"4"，学生中出现了两种不同的点图及算式。

潘老师追问："刚才点图所表示的数中，有个数非常特殊，你们知道是哪个数吗？"许多学生都认为是"4"，因为它的点图可以拼合成一个长方形，还可以拼合成一个正方形，有学生甚至还给它起了个名字叫"正方形数"。

潘老师对学生的回答表示认同："它确实可以叫正方形数，数学上我们把这

样的数叫作平方数。其实，在10以内的数中，还有另外的平方数，你们猜会是几呢，请说明理由。"

学生开始思考，大胆猜想并进行交流。一场小小的辩论会开始了，有的同学认为是"6"，因为"6"的点图也可以有两种表示方法，也可以写出两个乘法式子（6×1和3×2），但很快遭到其他学生的质疑，因为"6"的点图不是正方形的，它的乘法算式中的两个因数不是相同的。还有学生认为是"8"，因为"8"的点图可以是一个正方形，同学们纷纷让他用正方形的点图表示，该生非常自信地在黑板上进行了拼摆演示（如下图）：

出人意料的正方形点图一下子把一些学生给"蒙"住了，但很快又有学生质疑道："平方数'4'的正方形点图的每行每列的数是相等的，这个正方形点图是空心的。'9'才是平方数。"

潘老师再次追问："1到10这十个数中，到底哪几个是平方数？为什么？"

经过一番激烈的讨论，学生终于发现"1"具备平方数的特征（点图是个正方形，可以写成两个相同的因数相乘）。

就这样，学生不断地发现问题、提出问题、分析问题、解决问题，特别是在激烈的讨论中深刻地理解了平方数的意义，平方数的概念就在这样的高质量的思维活动中被学生主动地建构起来。

2. 利用直观的"平方数点图"，引导学生概括数学规律

在解决第二题时，潘老师首先提出问题："你们知道至少几个相同的平方数能拼成一个新的平方数吗？"这对学生无疑是个挑战。学生一时不知从何说起，很是困惑。潘老师启发道："你们能否举些例子，用平方数点图进行拼摆，看看能否发现些规律？"为了便于观察，学生从平方数"1"开始探索。

同学们想象着、思考着、动手验证着。在直观的图形拼摆中，同学们很快发现"4个1""4个4""4个9"都能拼得一个新的平方数。这时，潘老师不慌不忙地出示一个正方形纸片（该正方形能代表任意一个平方数），提出问题："想一想，至少用几个相同的平方数才能拼得一个新的平方数？"

学生借助直观的图形，展开丰富的想象，利用已有的数学活动经验，通过观察、猜想、试验，终于从中概括出"至少4个相同的平方数能拼成一个新的平方数"的结论。同时，学生还领悟到，对于有规律的事物，无论是用数字还是用图形表示，都可以反映相同的规律，只是表达形式不同。

回顾这段学习过程，我们可以清晰地看到，这个数学结论的获得不是老师直接告诉给学生的，而是学生在充分的数学活动中，通过积极思考、大胆质疑、勇于实践而得到的。学生经历了"数学化"的学习过程，学会了怎样思考问题和解决问题，思维能力得到了提升。

潘老师利用图形引导学生进行数学思考、想象，并获得了数学结论。正如爱因斯坦所说："想象力比知识更重要，因为知识是有限的，想象力概括着世界上的一切，推动着进步，并且它是知识进化的源泉。"通过直观的图形展开想象，大大提高了学生研究问题的兴趣。

3. 在讨论质疑中引导学生发现数学规律

在解决第三个问题时，潘老师还是以"问题串"的方式引发学生的思考。潘老师首先抛出问题："一个平方数，至少加几才能变成一个新的平方数？""对于这个问题，你想怎样来探究、发现其中的规律呢？"

学生有了上面探究的经验，从平方数"1"开始，进行拼摆实践活动。

学生通过拼摆很快发现，一个点子，再加上三个点子，就可以得到一个新的平方数"4"。在此基础上，学生再思考，"至少加几才能得到一个新的平方数"。此时，课堂上又出现了不同的意见：有学生认为再加4个，理由是在正方形的上边加2个，在右边也加2个即可；有学生则认为再加5个即可。潘老师并没有评价对错，只是建议同学们再亲自拼一拼点图，用事实说服对方。前一个学生终于在直观的图形拼摆中发现自己少算了1个，应该加上5个（如下图）。

学生继续探究着，在学生发现加1、加3、加5、加7、加9……得到的数是一个新的平方数之后，教师引导学生进一步观察拼图，"你还能发现什么规律？"同学们在亲自实践中，终于寻找到了平方数与奇数之间的关系。

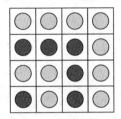

课堂上充满了和谐、民主的讨论气氛，学生积极主动地表达着自己的观点。有的学生认为，奇数的和是一个平方数，也有学生认为，应该是连续奇数的和是一个平方数。对此，学生之间互相质疑、据理力争，最终归纳出结论：从1开始的连续奇数的和是一个平方数。

整个课堂教学，围绕"平方数是怎样的数？""至少几个相同的平方数能拼成一个新的平方数？""一个平方数，至少加几能变成一个新的平方数？""平方数与奇数之间有怎样的关系？"四个核心问题展开，将问题指向对概念本质特征的探究、对发现数学规律的策略和方法的探究。四个核心问题，给了学生足够的思维空间，在探究平方数概念的教学中，教师只是提供一些素材，对概念的本质属性，由学生自己提出假设，教师引导全班同学得出正确结论。学生对一个个点图表示的数不断地进行比较、辨析，逐步揭示平方数的本质特征是"能摆成正方形点图的数，两个同样的整数相乘的积"，由此建构了平方数的概念。这样获得的知识印象深刻，记忆牢固，更重要的是，学生的比较、抽象、概括等思维能力以及探究精神得到较好的锻炼和培养。

总之，潘小明老师这节课的教学有以下几个突出特点。

（1）抓住概念的本质进行教学，使学生深刻理解概念的意义。数学核心概念的建立不是靠简单的模仿，而是注重引导学生参与数学概念形成的过程。

（2）注重引导学生通过直观的图形来理解抽象的数学规律，发现数学变化的规律，培养学生的推理意识。

（3）注重在"问题串"中引发学生的思考、质疑，给学生充分的思考空间。鼓励学生不断地发现问题、提出问题、分析问题、解决问题，注重学生思维能力的提升。

在探究平方数之间以及平方数与奇数之间的关系时，学生不断经历这样的过程——对具体实例的观察比较、归纳猜测、举例验证、揭示规律。

团队成员感悟

吴老师围绕着数学教学要抓住核心知识概念的本质，要注重引导学生在直观的图形中理解抽象的数学规律，要注重在"问题串"中引发学生思考和质疑这三个方面对潘老师的《点图与数》一课进行了点评。通过吴老师的点评，我们认识到在教学中老师要重视引导学生利用几何直观进行思考、质疑、交流，要给学生充分思考和展示的机会，鼓励学生不断地发现问题、提出问题、分析问题、解决问题，注重学生思维能力的提升，培养学生的核心素养。

4. 引导学生亲身经历知识的形成过程

——评赵震老师执教的《生活中的负数》

在课堂教学中，越来越多的教师在关注教学结果的同时，更加关注知识的形成过程。蕴藏在数学课堂中的那些由师生共同进行的探究与交流所衍生的情感、态度、价值观，使我们的数学课堂愈发显得真实、自然、厚重而又充满人情味。这些学生自主参与数学活动而得到的体验、领悟，是发展学生"四基""四能"的重要基础。怎样引导学生亲身经历知识的形成过程呢？北京市昌平区昌盛园小学赵震老师的《生活中的负数》给广大老师带来了明确的启发，现与大家共同交流。

【片段一】负数的引入

1.提出问题，亲身体验。

师： 同学们，每天我们都要和数打交道，你们对学过的数熟悉吗？现在我说几件事，你们能把听到的数据信息准确地记录下来吗？

生： 没问题。

师： 要独立思考，选择自己喜欢的方式来记录，关键是让别人一眼就能看明白你所表示的意思。（师叙述事件，学生填写记录单。）

（1）足球比赛，中国国家队上半场进了2个球，下半场丢了2个球。

（2）学校四年级共转来25名新同学，五年级转走了10名同学。

（3）张阿姨做生意，三月份赚了6000元，四月份亏了2000元。

学生独立填表，教师巡视收集信息。

2.有序反馈，集体讨论

师： 我选取了部分同学的记录单，一起来欣赏一下。

师：(在投影上展示第一种情况)这样记录，大家有什么看法？

足球比赛		转学情况		账目结算	
上半场	2 个	四年级	25 人	三月份	6000 元
下半场	2 个	五年级	10 人	四月份	2000 元

生：这样记录不能让别人看出是进2个球还是丢2个球。

师：都是2个球，但一个是进球，一个是丢球(同时借助手势表示进球和丢球是相反的意义)。转来和转走的意思呢？赚和亏呢？

师：仅仅用我们学过的数，还能区分这些意义相反的量吗？

生：不能。

师：(投影展示第二种情况)这种方法怎么样？意思清楚不清楚？还有谁是这么想的？(真有办法)

足球比赛		转学情况		账目结算	
上半场	进2 个	四年级	转来25人	三月份	zhuàn 6000元
下半场	丢2 个	五年级	走了10人	四月份	亏2000元

师：还有其他的方法呢，我们再来看看。(投影展示第三种情况)

足球比赛		转学情况		账目结算	
上半场	→2 个	四年级	√25 人	三月份	☺6000元
下半场	←2 个	五年级	×10 人	四月份	☹2000元

师：这是谁写的呀？快说说你是怎么想到这两个符号的。(师指向账目结算部分)

生：我认为张阿姨赚6000元心里肯定特别高兴，所以我用了一个笑脸来表示；而亏了2000元就用哭脸，表示她心里很难过。(其他学生发出赞许的笑声)

师：你们觉得这种方法怎么样？

生：我觉得这种方法很生动。

生：我觉得这种方法很简便。

师：看得出来，大家很欣赏这种方法。像这样用符号表示的方法还有一些（随机展示其他同学使用的不同符号），同学们的想法都很有创意。可不知同学们想过没有，你用的符号你明白，他用的符号他明白。但是，数学符号是数学的语言，是帮助我们相互交流的，怎样才能让大家都明白呢？需要怎么样？

生：需要找到一种大家都能看懂的符号。

生：需要找到一种统一的形式。

师：还有的同学是用这样的符号来表示的。（投影展示第四种情况）

足球比赛		转学情况		账目结算	
上半场	+2 个	四年级	+25 人	三月份	+6000 元
下半场	-2 个	五年级	-10 人	四月份	-2000 元

师：这是哪位同学记录的？快向大家说说你的想法。

生：比如说转学的人数吧。我认为转来 25 人，就是多了 25 人，我就添上了一个加号；而转走了 10 人，就是少了 10 人，我就用减号来表示。

师：太了不起了。你知道吗，你用的符号跟数学家规定的一模一样！大家也说说，这种方法好在哪儿？

生：意思很清楚。

生：很简单。

生：形式统一。

3. 明确问题，揭示概念。

师：现在人们就是用这种形式来区分的。

教师引导学生了解正、负数的读法和写法以及正号的省略问题。

【片段二】历史资料介绍

师：中国是世界上最早认识和应用负数的国家。早在两千多年前的《九章算术》中，就有正数和负数的记载。古代人民在生活中，以收入钱为正，以支出钱为负。在粮食生产中，以产量增加为正，以产量减少为负。古代的人们为区别正、负数，常用红色的算筹表示正数，黑色的算筹表示负数。而西方国家认识正、负数比中国晚了数百年。

师：看了这些，你有什么感受？

生：我觉得古代的人真聪明。

生：我觉得咱们中国特别了不起。

师：看得出来，同学们都在为祖先、为我们的国家感到骄傲。其实同学们也非常了不起，在这么短的时间内，大家就想到了文字、符号这么多种方法，我为你们感到骄傲！接下来，我们一起到生活中来了解负数、认识负数。（板书课题：生活中的负数）

【片段三】在温度计上表示不同温度

师：每天晚上7时30分，中央台《新闻联播》后都会播放各大城市的天气预报。我记录了几个城市今年二月某一天的气温情况，一起来看看。

哈尔滨零下15到零下3度，北京零下5到5度，上海0到8度，海口12到20度。（引导学生初步明确零上温度和零下温度的不同表示方法）

师：你知道生活中用什么来测量温度吗？

生：温度计。

师：（出示温度计教具，这时的温度计上的数值被覆盖着，学生看不到）这是一个大号的摄氏温度计，1个小格代表1摄氏度，中间红颜色的绸带代表水银柱，可以上下动。你们能在温度计上表示温度吗？

生：能。

师：谁能把5℃表示出来？

一个学生到前面来操作，把最下面的刻度作为0，把往上数第5个小格处确定为5℃。

师：大家都是这么想的吗？有不同意见吗？

生：（齐说）是，同意。

师：麻烦你再帮我们把-5℃表示出来。（生站立在黑板前，挠头。）

师：怎么了？出现什么问题了？

生：没法儿表示了。

师：大家也帮忙想一想，为什么现在不能表示出-5℃了？怎样才能在温度计上表示出来呢？

生：（七嘴八舌）这样肯定不行，应该先找到0。

师：大家都不约而同地说要先找到0的位置，可为什么要先确定好0的位置呢？

生：因为0是正数和负数的分界点。

师：（分上下两部分将温度计上的刻度揭开）越往上温度越怎么样？

生：高。

师：（向站在黑板前的孩子说）刚才有点难为你了，现在你能把5℃表示出来吗？

生：能。（动手拨温度计）

师：再找一个同学来表示-5℃。

两名学生动手拨温度计。

师：一个零上5℃，一个零下5℃，（手比划）相差了这么多！谁能把-15℃表示出来？大家看他想的跟你想的一样不一样。（学生操作）

师：同意吗？-5℃和-15℃这两个温度相比，哪个更冷？

生：-15℃。

师：你们怎么知道的？

生：从温度计上看出来的，-5℃高，-15℃低。

生：-15℃在-5℃下面。

师：也就是说，在温度计上，越向下温度越低。用你的动作和表情告诉我-15℃时有什么感觉？（生表示出哆嗦的样子）

师：新疆的北部地区，冬天有时能达到-40℃，怎么样？

生：（自觉用动作表示）更冷了！太冷了！

师：还能在这个温度计上表示出来吗？（不能）谁能到前面来指一指，-40℃大概在哪儿？（学生到前面来比划）

【片段四】总结归纳正、负数和0的关系

师：刚才我们已经了解了这么多的正数和负数，谁还能再说几个？

生：-10、-11。

生：+10、-20。

师：说得完吗？用什么符号来表示？

生：省略号。

师：就听你们的。（分别在黑板上的正、负数下面写出两组省略号）

师：想想看，所有正数和0比，有什么关系？所有负数和0比，有什么关系？

（板书：负数<0<正数）

师：谁能到前面来用一个圈把所有的负数圈出来？再找一个同学，用一个圈把所有的正数圈出来。（两学生在黑板前画，一个学生圈了省略号，另一个没圈。）

师：这个省略号到底圈不圈？

生：因为还有很多正、负数，所以要把省略号圈进去。

师：（赞许地）考虑问题要全面、细致。

【片段五】展开练习，拓展应用

师：刚才我们对负数有了进一步的认识。其实，生活中还有好多时候需要用正数和负数来表示呢，我们再来了解一下。

教师利用电脑课件，逐个出示练习。

1. 王叔叔上五楼开会，李阿姨要到地下一层取车，应按哪两个键？

2. 黄山的最高峰莲花峰比海平面高出1864米，记作+1864米；那么，吐鲁番盆地比海平面低155米，应记作（　　　）米。

3. 下图中，每个小格代表1米，小华开始的位置在0处。

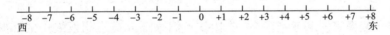

请同学们拿出练习纸，独立完成下面的练习。

（1）小华从0点向东行5米，表示为+5，那么从0点向西行3米，表示为（　　）米。

（2）如果小华的位置是7米，说明他是向（　　）行（　　）米。

（3）如果小华的位置是-8米，说明他是向（　　）行（　　）米。

4. 刘翔在第十届世界田径锦标赛半决赛中，110米栏的成绩是13.42秒，当时赛场风速为每秒-0.4米。

师：风速怎么还有负的？和同桌讨论一下。

生：风和刘翔是对着跑的。

师：你能给大家表演一下吗？可以找一个好朋友来帮忙。（两名学生到前面表演逆风跑步的情景）

师：（手势表示不同方向）风的方向正好跟刘翔的方向相反，那风速用什么数表示？

生：负数。

师：如果当时的风速是每秒+0.4米，又是什么意思？能麻烦你俩再表演一次吗？（生再次演示同方向跑动）

师：感谢两位同学精彩的表演。请同学们想一想，如果当时赛场的风速是每秒+0.4米的话，刘翔的成绩还会怎么样？

生：更好。

师：刚才我们发现，顺风时的风速用什么数表示？逆风呢？这一顺一逆意思正好相反。那么，这样一组意义相反的量就可以用什么数表示？

生：正数和负数。

吴老师评析

赵震老师的课堂有以下几个特点：

1. 利用课堂上的生成性资源，让学生经历负数产生的过程

数学教育家波利亚指出："要让孩子们重蹈人类思想发展中的那些关键步子……而且仅仅是关键步子。"在课堂开始阶段，教师首先请学生们记录"足球比赛""转学情况""账目结算"事例中具有相反意义的三组数量。孩子们由于知识经验和认识水平不同，产生了不同的表现形式："单纯的数据形式""加文字的形式""加图标或符号的形式""用正负号的标准形式"，充分展现了学生对情境中问题的深入思考。教师巧妙地利用这些有价值的资源，将之分为四类有序反馈，引导学生对这些鲜活的材料进行辨析、讨论。在教师适时的点拨和引导下，两个数量的相反意义始终凸显在学生面前，并促使学生不断进行有意义的数学思考，直到感悟到"需要找到一种统一的形式来区分这些相反意义的量"，这时，"负数"的概念呼之欲出。

在解决认知冲突的过程中，同学们感悟着正、负数的意义，体验着由具体到抽象的符号化、数学化过程，个体认识也逐渐从模糊到清晰，从而感悟到负数产生的必要性，产生学习需求。短短的一个环节，实际上是教师带领学生经历了人类探索负数的历程。因此说，在数学课堂教学中，要让学生知道数学知识的来龙去脉，知其然更知其所以然，这样才能满足学生日益增长的求知欲，实现数学学习的再创造，从而促进学生潜能的发展。

2. 渗透数学文化，提高学生数学素养

课堂上，当教师引导学生对正、负数有了初步的认识，对用"+""-"的表示方法有了统一的认识后，自然地引出数学文化的史实：对负数的认识，中国有着悠久的历史。古代的人遇到这样的问题时，也想出了不同的方法。

同学们以极大的热情和期待倾听了教师富有激情的介绍。屏幕上生动的画面、教师生动的演讲，深深地打动了在场的每一位同学。大家沉浸在浓浓的数学文化的氛围中，感受着我国古代人民的数学智慧，体味着中国数学文化的源远流长。"我觉得古代的人真聪明""我觉得咱们中国特别了不起"，简单的话语表达了同学们内心的真实感受。

一节好的数学课给予学生的绝不是单纯的数学知识，适时适度地渗透数学文化，让学生亲历数学文化的发展，欣赏数学文化的智慧，是提升学生数学素养的有效途径。

3. 创造性地使用教具，唤起学生探究的兴趣

在学生所熟悉的气温情境中，教师引导学生在温度计教具上拨出不同的零上和零下气温，操作性强，学生们参与的积极性也很高。在没有出示明确刻度的情况下，同学们对5℃和-5℃再次产生了认知冲突，唤起了更深层面的思考：要在温度计上表示温度，首先要确定0℃的位置。通过一系列的操作、观察、讨论，学生在思维的碰撞和互动中明确感悟到：在温度中，0℃是区分零上温度和零下温度的标准，比0℃高的温度用正数表示，比0℃低则用负数表示，实现了对0的再认识。同时，将正数、负数、0有机地整合到了一个新的概念框架中，即在后续学习中将会出现的有理数。

另外，教师结合学生的操作结果，引导学生思考：把-5℃和-15℃这两个温度进行对比，哪个更冷？-40℃大概在哪儿？同学们在操作与观察中感悟到"正数比0大，负数比0小"。负数大小的比较、绝对值等后续知识很好地渗透进来，温度计教具显示出突出的优势。

课后，小小的温度计也引起了在场老师们的关注，大家纷纷拥上讲台拍照。事实证明，借助温度计表示不同温度，使学生对"相反意义的量"有了更深的体验，尤其是在实际操作过程中，对"负数的实际意义"有了支撑性的体验。

4.结合具体情境，渗透集合思想

结合相关内容向学生渗透数学思想方法，如极限思想、集合思想、对应思想、符号化思想、统计思想等，这是小学数学的教学目的之一。在上面的教学中，教师首先引导学生进行广泛的举例，初步感悟到正、负数的个数是无限的。但这时，学生对正、负数集合的认识是浅显的，体验是感性的。教师充分利用到黑板前圈正、负数的操作结果，引导学生讨论：这个省略号到底圈不圈？简单而又巧妙的设问给学生们创造了体验的机会。也正是在这一过程中，无限的观念、集合的思想通过小小的省略号充分渗透了，提升了学生的数学思考能力。

5.在熟悉的生活情境中提升对数学概念本质意义的理解

负数的产生与发展，是与解决实际问题紧密联系的。在概念建构的过程中，教师引导学生充分依靠气温初步理解负数的意义，并在练习中安排了各种不同的具有现实背景意义的相反意义的量的实例。"温度""电梯""海拔高度""确定位置""风向"等情境，为学生提供了丰富的素材。例如，刘翔跑步中的逆风问题，学生富有情趣的表演，使一顺一逆的相反意义明确展现在大家面前，有效地提升了学生对数学概念本质意义的理解。

可以说，每个情境都紧密围绕"相反意义的量"，又各有侧重，不仅调动了学生的多种感官的参与，而且使学生在有限的时间内，了解了负数在生活中的广泛应用，体会到负数的学习与现实世界的联系，更重要的是感悟到了数学学习的价值。

团队成员感悟

吴老师的点评始终围绕着数的本质、数概念的建立展开，细致地解读了教学环节背后的深层次的思考。吴老师的解读使我们感受到，本节课从创设真实的问题情境入手，在引导学生亲身经历知识形成过程的整体分析中，让学生充分体验由具体到抽象的符号化、数学化的过程，从而进一步理解负数的意义，感悟负数产生的必要性，从而产生学习需求。

（本节课在全国小学数学教学改革观摩交流中获一等奖）

5. 为学生创造自主探究的学习空间
——评于萍老师执教的《小数加减法》

走进北京小学于萍老师《小数加减法》的课堂,她朴实的教风、扎实的教学基本功以及教学智慧和激情给我留下深刻印象。看到一批批年轻教师在不断地进步、成熟,我由衷地感到欣慰。

细细品味于萍老师的《小数加减法》,别有一番滋味在心头。她的课堂如涓涓细流滋润着学生的心田,使学生的学习潜能得以发挥,探究新知的学习热情得以释放。课堂上学生获得的不仅仅是小数加减法的计算技能,同时也收获了学习的方法,提高了探索数学知识的能力,增强了学习的兴趣和信心。

我在想,是什么力量使这样一节普普通通的常态课达到了如此良好的学习效果呢?在与于萍老师反复研磨此课的过程中,我找到了答案:她在努力读懂学生,读懂教材,读懂课堂。她不是带着教案走向学生,而是引领着学生一起走向知识的乐园,她是在用心去上课。

【片段一】

课伊始,于老师出示软尺,调动学生对小数的已有认知经验,使学生在熟悉的素材和情境中,满怀信心地开始学习探索。

师:我们已经认识了小数,今天我们学习小数加减法。小数加减法该怎样计算,为什么这么算呢?让我们带着这个问题进入今天的学习。这里有一把软尺,它的长度是118厘米,你能以米为单位表示它的长度吗?

生:是1.18米。

师:我们一起看一看。

这是几米?

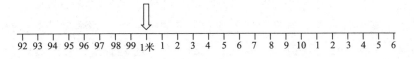

这是几米?

这又是几米?

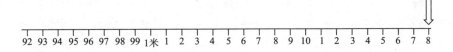

师：如果这把尺子"一不小心"断了（老师将手中的软尺拽断），从起始端少了一截，想知道剩下的这段有多长，你有什么办法？

学生思考，想出"量一量""算一算"的办法。

师：算一算就是小数减法。得多少呢？能列式吗？

学生动笔试算。

$$1.18-0.76=0.42$$

$$\begin{array}{r}1.18\\-0.76\\\hline 0.42\end{array}$$

师：像这样一位对着一位减，你感觉陌生吗？什么时候用过？

生：不陌生，整数加减法也是这么算的，它们差不多（还有的学生说"一样"）。

师：小数加减法和整数加减法相比，哪儿不一样呢？

生：小数加减法有小数点。

师：如果把小数点盖住（盖住竖式中的小数点），这不就是大家熟悉的整数加减法吗？计算结果是42厘米，也就是0.42米。

师：光会做这道题可不够，学习小数加减法就要对它有全面的认识。小数加减法还有哪些"新情况"呢？我们一起来研究。以往学习计算，都是老师出题大家做，或是我们一起做书上的题。今天请你们自己来出题好不好？

生：（异口同声）好！

师：请你们每人都编一道一步小数加法或减法题，看谁编的题能给大家带来"新情况"。先写横式，再写竖式算一算。

在学生编出的题目中，有这样一道：

$$0.8+3.74=4.54$$

$$\begin{array}{r} 0.8 \\ +3.74 \\ \hline 4.54 \end{array}$$

师：这是怎样的"新情况"呢？请大家试着算一算。（学生独立计算）

师：我们以前做过很多加减法题，无一例外地都把末位数字对齐，可这道题为什么不末位对齐呢？

生：整数的末位是个位，末位对齐也就是个位对齐了。而小数的末位不一定是相同的，所以不能末位对齐。

生：我们虽然没把末位对齐，但把小数点对齐，也就是相同数位对齐。

师：你们看得很深、很准，能说说为什么一定要小数点对齐，要相同数位对齐吗？

生：如果不对齐算出来就错了。

生：如果不把小数点对齐，而把末位对齐的话，十分位的8就和百分位的4对齐了，相加之后肯定就不对了。

生：我举个例子说吧，比如买两样东西，一个是0.8元，另一个3.74元，如果把末位的8和4相加，就是用8角加4分，那肯定不对了。

师：我们研究同一个问题时，可以从不同角度研究，可以讲道理，也可以举例子。刚才这道题，这位同学想到了用我们都熟悉的"元角分"举例子来解释，用简单的事说明了深奥的道理，真精彩！看来，只有相同计数单位的个数才能相加减。

师：原来，看似和整数加减法不太一样的"小数点对齐"其实和"末位对齐"一样,都是为了确保"相同数位对齐",而"相同数位对齐"背后的道理就是"相同计数单位的个数直接相加减"。你们不仅找到了方法,还理解了方法背后的数学道理,真了不起!

【片段二】

练习环节有这样一组口算练习:

5.55+0.02=　　　5.55+0.2=　　　5.55+2=

师:三道题看上去挺像的,都有2和5,怎么结果不一样?

生:三个2所在的数位不同,所以结果不一样。

课件出示:

$$5.55+0.02=5.57 \quad \begin{array}{r} 5.55 \\ +0.02 \\ \hline 5.57 \end{array}$$

$$5.55+0.2=5.75 \quad \begin{array}{r} 5.55 \\ +0.2 \\ \hline 5.75 \end{array}$$

$$5.55+2=7.55 \quad \begin{array}{r} 5.55 \\ +2 \\ \hline 7.55 \end{array}$$

师:你一下就抓住了计算的本质!

吴老师评析

回顾于老师的《小数加减法》一课,我有以下几点启发,愿和大家分享。

1.了解学生,有效利用学生的已有经验

我清楚地记得,于萍老师在上课之前将一份"学生调查报告单"呈现在大家面前。上面清晰地记录着学生对整数和小数加减法计算方法、意义的情况分析。

一、调查对象:四年级某自然班全体学生(38人)

二、调查时间:学习小数加减法之前

三、调查内容:

1.请试着计算下面各题(写出竖式):

1.25+0.47　　2.34+0.46　　3.72-1.5　　3.7-1.52　　3-1.52

2.你认为小数加减法与整数加减法有什么联系？（相同或不同）

四、调查结果：

1.第一题（5道计算）：

(1) 5道计算结果全部正确（没有化简也算正确）：56.4%

(2) 旧知识出错（非小数新知识点）：12.8%

(3) 相同数位对齐（指位数相同的小数）做加法正确：100%

(4) 结果不化简：100%

(5) 位数不同的减法出错（新知识点）：30.8%

2.第二题：

(1) 认为"相同，都是'满十进一、借一当十'，只不过多了个小数点"（或观点与之近似）的占76.3%。

(2) 认为"不同，小数加减法有小数点，整数没有"（或观点与之近似）的占21.1%，其中有7.9%的学生认为小数的末位可以随意添0，而整数却不行。

分析：参与调查的班级是在众多班级中挑选出的，各方面水平比较均衡，因此调查结果具有一定的代表性和普遍性。从调查结果可以看出，学生对小数加减法的计算方法并不是一无所知的。在写"位数相同的小数加法"的竖式时，全体学生都能正确地做到"相同数位对齐"。但对于"小数部分位数不同的小数加减法（包括整数加减小数）该如何列竖式"，以及"计算结果末位有0该怎样处理"等新问题，学生普遍存在问题和困惑。

结合学生的实际，教学设计应该充分地考虑并尊重学生这些已有的认知基础，努力帮助学生激活整数加减法的计算方法这一已有知识经验，尝试用已有的知识自主迁移、类推，学习小数的加减法，并努力为学生创造条件解除困惑，便于掌握新知识。让学生在收获方法的同时理解这样算的道理，并感悟到应用旧知识来学习新知识是获取知识的一条重要途径。

于萍老师在教学设计之前先对学生已有的学习基础和经验进行了调研，了解到学生对小数加减法的计算方法并不是一无所知，而是有一定的经验。

正是由于老师准确找到了学生学习的起点,才有了本节课精彩的设计。

2. 相信学生,引导学生自主探究

"为学生创造自主探究的空间,让学生获得自主发展"是于萍老师教学的一个显著特点。小学生的数学学习应当是一个生动活泼、主动、富有个性的学习过程,学习方式也不应该是单一的以被动听讲和练习为主的方式。于萍老师一上课就为学生提供了探究的问题情境:"如果这把尺子'一不小心'断了(老师将手中的软尺拽断),从起始端少了一截,想知道剩下的这段有多长,你有什么办法?"课堂上出现了"量一量""算一算"的方法,展现了学生灵活的思维和多样的方法。在"算一算"的过程中,通过分析和交流,学生理解了计算结果的小数点为什么要与竖式上面小数点对齐的道理,为后面多种情况的小数计算做好了准备。

在课堂教学中,于老师请学生"每人都编一道一步小数加法或减法题,看谁编的题能给大家带来'新情况'"。教师用心营造了一个自主探究的空间,每个学生都在努力地尝试与探究小数加减法"新情况"的计算方法。学生把自己编的题作为全体共同研究的"新例题",在多种不同的"新情况"中思考、探索。"小数部分末位数没对齐怎么办?""当某个相同数位上的数不够减了怎么办?""为什么要把小数点对齐?""小数加减法与整数加减法的道理一样吗?"……学生的问题越来越多,思维越来越活跃。教师通过引导学生与整数加减法计算方法进行对比,体会计算方法中的"相同的计数单位相加减"的道理,从而总结出小数加减法的计算方法。

由于学生对学习小数加减法已具备一定的认知基础,因此,于萍老师一改以往"教师板书例题—教师讲解—学生做"的教学方式,鼓励学生自己创造"新情况的例题",形成"编题—交流—讨论"的过程,学生自主提出问题,自主探索解决问题,再通过与同伴的交流合作,表达自己的想法,倾听同伴的思路,反思自己的问题,欣赏同伴的优点,共同分享学习探究过程中的成功与快乐。

3. 尊重学生,激励学生的学习自信

"尊重学生,让学生在学习过程中体验参与的快乐和成功的自信"是于萍老师教学的另一个重要特点。于老师以热爱学生、热爱数学教育的情怀关照全班的每一位学生。她始终微笑地望着每一位学生，适时地评价，积极地鼓励，表现出现代教师良好的职业状态。她尊重学生的原有认知经验，从一开始上课就把学习的主动权交给学生，让学生自主出题，把学生的"杰作"作为例题学习。学生在一个个"新情况"中自主解决问题，充分展示了自我的学习价值，特别是在问题解决中体验到了参与的快乐和获取成功的自信。在整个自主探索中，学生兴趣盎然，信心十足，表现出浓浓的学习热情。

尤其值得一提的是，于萍老师的课堂评价很有特色，富有激励性。当学生用"元角分"的例子来解释时，她表扬学生用一个简单的例子，一下就把这个问题解释清楚了，"用简单的事说明了深奥的道理，真精彩！"面对学生在计算中出现的错误，于老师说："这是小数加减法中的一种很重要的新情况，你第一次尝试做，出错是正常的，是可以理解的。你看，正是因为你的问题引发了大家的思考，给咱们全班带来重要的提示，这不也是你的贡献吗？我们该谢谢你！"多么亲切的话语，多么善解人意的情怀。这样，课堂上就多了一些鼓励，少了一些指责；多了一些温馨，少了一些冷漠。于萍老师从一个单纯的知识传授者转变为学生发展的促进者。她积极而富有激励性的评价促进了学生积极主动的探究，增强了学生的学习自信。教师一句肯定的话语、一个鼓励的眼神、一个赞赏的手势，都能为学生营造平等交流、合作分享、积极探究的学习氛围。在这样的课堂里，学生才能体验快乐，感受成功，享受幸福。

4. 读懂教材，抓住数学的"魂"来实施教学

小数加减法在小学"数与代数"的学习领域中占有什么位置？如何把握它与整数加减法的关系？在这节课中又该如何呈现知识的本质，抓住核心概念进行教学？于萍老师的教学实践回答了上面的问题。她在引导学生探究小数加减法计算方法的过程中，始终抓住本节课知识的"魂"实施教学。她没有满足于学生能正确地计算出结果，而是步步深入，引导学生对小数加减计算道理的深刻理解——小数加减法与整数加减法的本质意义是一致的，即相

同的计数单位才能相加减。从清晰有序的板书中可以看出她的教学思路：

课堂中又通过一组口算题的比较，加深学生对算理的真正理解，如"5.55+0.02、5.55+0.2、5.55+2"，学生通过计算，感受到不同的计算背后蕴藏着相同的计算方法。

一位优秀的数学教师一定是具有学科见识的教师，一定会从整体上把握教材，清楚数学知识的前后联系，抓住数学的本质实施教学，帮助学生建立良好的认知结构。于萍老师用心践行着。

团队成员感悟

吴老师从了解学生、相信学生、尊重学生和读懂教材四个层面对于萍老师所执教的《小数加减法》一课进行了评析。通过吴老师的点评，我们更加深刻地体会到如何在计算教学中更好地把握数与运算的一致性。在教学中要清楚数学知识的前后联系，抓住数学的本质和核心知识实施教学，帮助学生建立良好的认知结构。要引导学生深刻理解小数加减的计算道理——小数加减法与整数加减法的本质意义是一致的，即相同的计数单位才能相加减，为分数加减法的学习打下基础，深化学生对知识的整体性的学习和理解。

（本课曾获北京市课堂教学评优一等奖，并在全国小学数学教学改革观摩交流中获得一等奖）

6. 在探索中发现问题，提出问题

——评孙贵合老师执教的《三角形边的关系》

走进北京小学大兴分校孙贵合老师的课堂，我们被学生积极主动探究新知的学习热情打动着，也被孙老师扎实的教学基本功和教学智慧与激情感染着。让我们一起走进孙老师的课堂。

【片段一】

师：要围成一个三角形需要几条线段？

生：三条。

师：可是今天老师只给每位同学带来了一个长16厘米的胶片，你们有办法把它变成三段吗？

生：用剪刀把它剪两刀就可以形成三段。

【片段二】

学生汇报：

 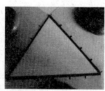 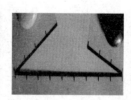 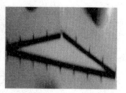

生：我剪的三条线段分别是3厘米、6厘米和7厘米，围成了一个三角形。

生：我剪的三条线段分别是5厘米、5厘米和6厘米，围成了一个三角形。

师：还有谁也围成了三角形？是不是只要有三条线段就一定能围成三角形呢？

生：不是，老师，我的三条线段就没有围成三角形。我剪的三条线段分别是4厘米、3厘米和9厘米，没有围成三角形。

生1：我剪的三条线段分别是4厘米、4厘米和8厘米，也不能围成三角形。

师：他说不能围成三角形，你们同意吗？

生：同意。

师：难道就没有不同意见吗？

生：老师，我不同意，我觉得能围成三角形。

师：好，我们学习就要有自己的思考。你来试试。（学生操作，近似围成了一个三角形。）

师：（问生1）你觉得现在有没有围成三角形？

生1：围成了。

师：大家同意吗？

生：同意。

师：大家又都同意呀？又没有自己的思考了？

生：老师，我还是觉得这三条线段不能围成三角形。您想，上面的两条长度都是4厘米，下面的一条是8厘米，上面的两条加起来才和下面的一条同样长，所以一定围不成。

师：哦，这位同学很会学习，他没有只看操作，还结合数据去思考，这是一种很好的学习方法。哪位同学听明白他的发言了？

生：他的意思就是上面的两条要比下面的一条长，才能围成三角形，要是和下面的一样长，就只能和下面的重合了。

师：老师也做了一个和同学一样的，大家一起来看看是你们所说的意思吗。（演示课件）看现在有没有围成三角形。我们放大一下看看。

生：还有一点缝。

师：有一点缝能不能叫作围成三角形了？

生：不能，差一点也不行。

生：两条较短边的和大于长边就能围成三角形。

师：老师这里还有三条线段，它们的长度分别是 a、b、c，也不知道谁长谁短，当它们具有什么关系的时候就能围成三角形呢？

生：$a+b>c$ 就能围成三角形。

生：我不同意他的观点，如果 a 是9，b 是4，c 是3呢？（举黑板上不能围成的例子）

师：问得好！那谁还有办法吗？

生：还要有 $a+c>b$，还要有 $b+c>a$。

师：你的"还要有"是什么意思？

生：就是这三组都要有才能围成三角形。

师：哦，你们明白他的意思了吗？谁能总结一下，三条边具有什么关系的时候就能围成三角形呢？

生：随便两条边的和都要大于第三条边才能围成三角形。

生：所有两条边的和都要大于第三条边才能围成三角形。

生：任意两条边的和都要大于第三条边才能围成三角形。

【片段三】

总结出"三角形任意两条边的和大于第三条边"之后的练习：

判断这组线段能围成三角形吗？

(1) 10cm、5cm、8cm。（　　）

(2) 5cm、5cm、5cm。（　　）

(3) 3.1cm、3cm、6cm。（　　）

(4) $x$cm、3cm、8cm。（　　）

对第（4）题，学生总结出 x 大于5就可以。

师：大于5就可以吗？那我们一起来数一数，就数整数，有6、7……

生：（齐）6、7、8、9、10、11、12、13……

生：不行了，不行了。

师：同学们都数得好好的，你怎么就说不行了？

生：x 也不能随便大，你想，当 x 大于11之后，3+8就小于 x 了。

师：哦，刚才我们只考虑了几加3要大于8，随着 x 的不断变大，一会

儿 x 摇身一变,它又变成大数了,我们还要考虑 8+3 大于 x。那谁能总结一下,x 要大于 5 还要小于几?

生:x 要大于 5 还要小于 11。

师:看来,我们考虑问题要全面,希望下一题你们能够全面考虑问题。三角形一条边长 12cm,其余两条边之和是 14cm,这两条边分别是(　　)cm 和(　　)cm。

生:(齐)7、7;6、8;5、9;4、10;3、11;2、12。

生 2:1、13。

生:不行,老师,1 和 13 不行。

师:你(指生 2)问问他,别人说了那么多,他都不反对,你就说一个,他还说不行。

生 2:为什么 1 和 13 不行呀?

生:你想,1+12=13 了,所以围不成三角形。

生 2:哦,明白了。

师:看来,我们同学考虑问题越来越全面了。想不想看看这些三角形是什么样子?

老师播放课件,要求学生在空中画一画这些三角形。

师:老师用一条光滑的曲线把三角形的一个顶点连接起来,你们看它像什么?

生:像半圆。

生:像鸡蛋。

……

师:(出示国家大剧院的图片)你们觉得漂亮吗?哪里漂亮?

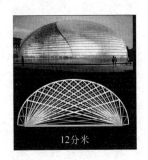

生:图片很漂亮,线条很漂亮。

🌼 吴老师评析

回顾这节课,有以下几点给我留下了深刻的印象。

1. 让学生自己在探索中发现问题和提出问题

以往我们在讲三角形三边关系时，常用小棒作为学具，简单又方便。让学生用小棒摆出不同的情况，给予学生动手操作的空间，但小棒有一定的宽度，特别是两边之和等于第三边或略小于第三边时，学生会产生争议，因为有时眼睛会欺骗我们，同时，用小棒不便于展示学生的操作结果。为了避免非本质因素影响课堂进程，孙老师选用了画在透明胶片上的16cm长的线段作为学生探究的学具，线段画得比较细，可以较好地控制因"粗细"造成的争议。透明胶片这个学具确实克服了小棒有宽度的弊端，能让学生更好地理解数学本质。

16cm数据的选择，也是精心预设的。这个长度将产生课堂所需要的各种资源，学生每人一条胶片，剪三段后，有的能够围成三角形（4、5、7；2、7、7），有的不能围成三角形（4、3、9；3、5、8；4、4、8），多种情况的出现为后面总结三角形边的关系，提供了充足的数据。孙老师在处理"两边之和等于第三边"时，对4、4、8这种情况给予了足够关注，适时利用学生之间的认知冲突，引发学生对话，还利用课件（放大演示）直观得出3、5、8不能围成三角形。学生通过对数据的分析，很容易就理解了"两边之和等于第三边围不成三角形"。这样既使学生们感受到了数据的作用，又发展了学生的空间观念，也为学生发现问题、提出问题提供了空间。

学具从小棒到有刻度的透明胶片，从研究的角度看，为学生研究三角形三边关系扫清了操作的障碍，更有效地控制了影响实验的干扰因素；从学习的角度看，学生参与度更高，更突出了研究的本质，学具的作用发挥得更趋于合理和有效。

2. 凸显数学本质，归纳概括规律

学生在自主操作的基础上，结合大量的数据，很容易得出"任意两边之和大于第三边"的规律。孙老师在课堂上对"任意"进行解读，适时加入字母，使学生深入地理解了"任意"的含义。从"随便"到"所有"再到"两条短边的和大于长边"的结论，这个过程就是学生认知不断发展的过程——从片面到全面，最后是追求数学的简洁与严谨。字母表达式的引入，突出了数学结论的概括性，培养了学生的符号感。

练习的前三组题为基本练习，学生能够应用结论解决问题。其中的第一、二题所组成的三角形，使学生初步感知不等边和等边三角形，为进一步学习做好了铺垫。第三小题加入了小数，数学知识的学习从整数延伸至小数，使学生的数学学习过程更具挑战性，也由此培养了学生的数感。第四小题是开放性习题的设计，渗透了区间和极限的数学思想，教会了学生辩证地看问题的思考方法。

在这些练习之后，又出示了"三角形一条边长 12cm，其余两条边之和是 14cm，这两条边分别是（　　）cm 和（　　）cm"，学生又一次思考、交流，抓住本质辨析。老师在与学生交流的同时，不断呈现图形，在考虑整数后考虑小数，并看图想象形成什么图案。

最后，孙老师出示国家大剧院的图片，令人眼前一亮。数学在生活中的应用就是这样令人惊喜、感叹！

老师在学生总结出两边分别可以是几厘米之后，让学生结合已经给出的一条边，比划一下这个三角形应该是什么样子的，这就是对学生空间观念的很好的培养。亲身实践远比只是看一看要获得的多。

孙贵合老师读懂了教材，抓住了数学知识的本质进行教学，成就了一节厚重的课。

3. 师生互动，演绎生动课堂

教学活动本身就是师生之间、生生之间交往互动与共同发展的过程。这堂课师生互动对话充分，孙老师不怕学生出错，处处利用学生的错误，把学生的错误当作资源加以运用，不断完善学生的认知。"错误"是课堂生成中宝贵的教学资源，只要是学生经过思考的，其错误中总会包含着一些合理的成分，而且错误中还能暴露出教师教学中的疏漏，显示出学生的思维过程。正确的答案可能是模仿，但错误的答案却可能是创新。因此，在课堂教学中，我们应该善待错误，让错误呈现出来，并利用错误，成就精彩的课堂。本堂课上自主探究和练习中都体现了这一点。

孙老师从一个知识的传授者转变成学生发展的促进者。课堂上师生互动有认知冲突的呈现，有思维的交锋，有达成一致的接纳与认同。他积极而富有智慧的"煽风点火"，加深了学生对知识的理解，激活了学生的思维，增强了学生的自信，使学生体验到了快乐，感受到了成功，享受到了幸福。

这样的数学学习过程，相信学生一定会记忆深刻，因为他们感悟到了数学的魅力，既有数学思维带来的魅力，也有透明胶片这个学具在研究过程中带来的魅力，更有生活与数学结合产生的魅力！数学思考的力量、探究过程的顿悟与惊喜、数学应用价值中体现出的数学美，无不冲击着孩子们的大脑，在他们的成长过程中烙下数学的印迹。

◯ 团队成员感悟

吴老师对这节课的点评，使我们感受到了更深层次的数学内涵。本节课在整体把握图形的认识与测量的基础上，给学生精心提供了动手操作的学具，使学生在自主探究中发现问题，提出问题，再进行验证，发现规律，表达结论，充分展示学生学习过程中的每一个环节，引发学生深入的思考和交流，使之在学习中不仅深入理解了三角形的三边关系，而且培养了空间观念和推理能力。

（本课曾在全国小学数学教学改革观摩交流中获得一等奖，并获北京市课堂教学评优特等奖）

7. 建构数的意义，发展学生数感
——评倪芳老师执教的《11~20 各数的认识》

《11~20 各数的认识》一课是"10 以内数的认识"的延续，也是认识更大自然数的基础，是学生数概念形成过程的一次突破，也是学生认数过程中的一个重要节点。

我们知道学生在学习本课之前对于 11~20 各数已经有了不少经验，他们能一一对应地数数，对数的顺序也有了比较好的认知。那么，本节课在此基础上又要做些什么呢？

北京市朝阳区实验小学倪芳老师上的《11~20 各数的认识》，给我留下了深刻的印象，现在与大家共同分享。

【片段一】 绘本故事

1. 课前导入。

师：咱们每位同学都有一本绘本小故事，这是倪老师送给大家的小礼物。它的名字叫《古人计数》，你们都看了吗？我们一起来回忆一下。请看大屏幕。

出示绘本（课件）：

讨论：

师：是呀，到底怎么回事呀？你们看懂了吗？

生：老二是把 10 块小石头换成了 1 块大石头。

师：你们的意思是说这 1 块大石头其实就代表了几块小石头呀？

生：10 块。

师：再加上外面的，老二一共打了多少？

生：14 只山鸡。

师：接着看。（继续看绘本故事）

师：老二是怎么想到这个办法的呢？

生：她是用手想到的。（学生边说边举起小手）

师：多可爱呀，快伸出我们的小手看一看，我们有几个手指头呀？

生：10 个。

师：你看，10 就长在我们的手上，所以聪明的古人想到了把 10 块小石头换成一块大石头。

2. 课中过渡。

师：孩子们，我们的故事还在继续，还记得吗，聪明的古人可以用 1 块大石头和 1 块小石头表示 11，今天我们用小棒也能表示 11。但是问题来了，现在只有两颗像这样颜色一样、大小也一样的小珠子了，它们还能表示 11 吗？

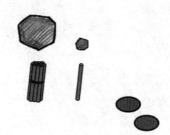

引发学生的进一步讨论。

3. 课后延伸。

师：今天我们认识了 11~20 这些数，我们是从古人计数的故事开始的。可是这个故事还没有讲完呢……我们来看看同学们续写的小故事吧！

师：如果让你继续讲下去，你会用怎样的图画来表达你对这些数的认识呢？这个任务就留给大家，倪老师很是期待……

【片段二】形成约定

1. 数小棒，摆小棒。

师：每个同学的桌子上都有一些小棒，快数数你有多少根小棒。

生：12 根。

师：你们不说我还真没看出来这是 12 根呢。你们能不能想个办法，整理一下这些小棒，让别人一下子就看出这是 12 呀？快动手试试。

2. 学生操作。

3. 选取素材，进行辨析。

（1）展示学生资源。

①

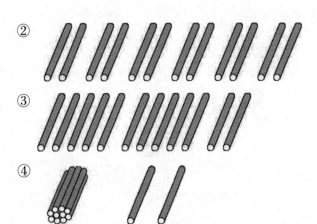

(2) 辨析。

师：同学们想到了很多办法整理这些小棒，倪老师搜集了一些，咱们来一起看看。这是谁的呀？快跟大家说说你想的什么办法呀？

生：我是1根1根摆的，中间留一点儿位置，这样大家看得更清楚。

师：哦，他是1根1根数的。

师：他又是怎么数的呢？

生：他是2根2根数的。

师：这个呢？

生：他是5根、5根、2根这样摆的。

师：他是5根5根这样数的。

师：他又是怎么表示12的呢？你看懂了吗？

生：他把10根小棒放在一堆，旁边放2根，这样表示12。

师：你们发现了吗？不管我们怎么摆，其实每个白板上都是多少根小棒呀？

生：12根。

师：只不过有1根1根摆的，有2根2根摆的，有5根5根摆的，还有一位同学是10根和几根这样摆的，你更欣赏谁的摆法呢？1、2、3、4号，你觉得谁的摆法能让你一下子就看出这是12根呀？

学生举手势进行选择。

师：很多同学都选择了4号，那我们先来看看4号。

师：刚才你们说这一堆是几根？

生：10根。

师：我们来数数。还真是10根呢，刚才他把10根小棒放在一堆，其实为了方便，可以把这10根小棒像这样捆成一捆，这一捆里有几根？够10根我们就可以怎么样？再和2根合起来就是12。这样快不快？

4. 形成约定。

师：从今天开始，我们就有了一个新的约定，凡是够10根小棒我们就把它们捆成一捆，那当我们捆起它们的时候，一定是几根？

生：10根。

师：再和外面的2根合起来就是多少？

生：12。

师：你能不能像这样整理一下你的小棒，让别人一下子就看出这是12？

【片段三】理解位值

教师抛出问题讨论，引发学生的再次思考。

师：孩子们，我们的故事还在继续，还记得吗，聪明的古人可以用1块大石头和1块小石头表示11，今天我们用小棒也能表示11。但是问题来了，现在只有两颗像这样颜色一样、大小也一样的小珠子了，它们还能表示 11 吗？

师：大家有不同的想法，我们来讨论讨论。

生：我觉得 2 颗小珠子只能表示 2，就是两个，不能表示 11。

生：我觉得可以把 1 颗小珠子看成 10，另一颗小珠子看成 1，不就行了吗？

生：可是这两颗小珠子一样大呀，又不是一颗大一颗小。

师：是呀，长得都一样，你怎么能让所有人都知道到底谁是 10 谁是 1 呢？

生：在一颗珠子上写个 10，在另一颗珠子上写个 1 不就行了？或者站在左边的小珠子表示 10，站在右边的小珠子表示 1。

……

师：大家想出了这么多的办法，我发现你们的想法和我们数学家的想法特别像。其实数学家为我们制造了计数的工具，快来看（出示计数器），认识吗？

师：这叫计数器。这是数学家帮我们发明的，看看，计数器上有好多的小位子，从右边开始第一位叫"个位"，第二位叫"十位"。

师：有了计数器的帮助，能不能表示出 11 来呢？我们来看一看。

……

吴老师评析

回顾倪老师的课堂，以下几点给我留下了深刻的印象，愿与老师们分享。

1. 注重学生的原有经验，从整体上把握教学内容，在数数活动中培养和发展学生的数感

《11～20 各数的认识》的教学，主要涉及数数、读数、写数，区分基数与序数，掌握数序与大小，掌握数的组成，理解数的含义，发展数感等内容。数对于学生来说并不陌生，很多学生在学前就能数出 100 以内乃至更大的数，对于数的认识有一定的生活经验。在本节课的教学中倪芳老师能够根

据学生的已有经验，打破教材，将这一知识的教学内容进行整合，整节课以"数数"活动为主线，在此基础上让学生理解数的意义，感受数的大小。

教学中倪老师借助数小棒等具体的活动情境，通过估一估、数一数、摆一摆，让学生在数中感悟数量的多少，认识数的顺序，把握数的相对大小，并且感受数与生活的紧密关系，学会用数表达与交流。

在"给数找家"的环节，倪老师引导学生亲历了数线模型的抽象过程，并引导学生深化对数的体验，如"15 的家在哪里""为什么 15 的家要在中间呀""18 是离 15 近一些还是离 20 更近一些呢""15 的邻居快出来""比 10 大比 14 小的数都有谁"……充分调动了学生的兴趣和积极性，让学生在数的认识上经历由具体到抽象的过程，深化学生对数的意义的感受，培养和发展了学生的数感。

我们说，数数活动是儿童形成自然数概念以及理解运算的基础，是培养儿童数感的重要内容。课上如何让学生数数、数哪些数、怎么数数都能反映出老师对于数数活动教育意义的认识水平。从倪芳老师这节课中，我深刻地感受到，学生在几次数数的活动中，数出了方法、数出了结构、数出了感觉。

2. 注重理解数的结构，初步渗透位值思想

我们说学生对于数意义的理解是不断深化的，在认数的过程中，学生要逐渐从通过实物计数来认识数的意义向通过结构来认识数的意义过渡。认识数的内部结构的过程就是深入理解数的意义的过程，其关键就是对数位、计数单位等基本概念的理解和把握。因此，从认识 11~20 各数开始，就要以数位和计数单位为基础，让学生在数数的过程中有意识地把数数与数的结构挂钩。所以，我们说"11~20 各数"是完整认识数的抽象和表示的开始。

在这节课的教学中，倪老师就很好地体现了这一点。她力求使学生对数的产生过程有所体验，体会并理解十进制计数法。

倪老师在处理的过程中，充分给予学生自主探究的空间，暴露学生的思维过程。通过小棒的操作，学生呈现了各种不同的数法，无论是 1 个 1 个数、2 个 2 个数、5 个 5 个数，还是 10 个 10 个数，都在积累数数的经验。在

这个过程中，不少学生会产生这样的疑问："书上捆小棒为什么要 10 个 1 捆呢？2 个 1 捆、5 个 1 捆不行吗？"虽然课堂中学生没有明确说出来，但有一些学生存在着困惑。其实，2 个 2 个数、5 个 5 个数等都是可以的，但现在计数采取的是十进制。老师在课堂上巧妙地问了"谁的摆法能让你一下子就看出这是 12 根呀？"这样一个问题，使学生初步体会到把 10 个捆成一捆的合理性，又不否定其他的办法。课中，倪老师再次借助两颗外形相同的小珠子，通过让"1"产生对话、争论，使学生达成十位上的"1"表示"10"的深刻认识。倪老师帮助学生理解"10 个一是 1 个十"，使学生对以十为单位计数的优越性充分理解与认可，从而把抽象的认识形象化，把复杂的认识简单化，把枯燥的认识生动化，在好玩有趣的学习活动中发展学生的抽象思维能力。

3. 注重结合学生年龄特点，引入绘本故事，并与位值的渗透巧妙结合

数学阅读是学生获取知识、学会学习的重要途径之一，而阅读能力的培养需要从小做起。小学生对于读故事是很感兴趣的。读中获取知识，同时体会学习的趣味。

课前倪老师利用"古人计数"的绘本小故事来引发学生的兴趣与思考。阅读和交流绘本，使学生感受到可以用一块大石头代表 10，从而初步体会以 1 当 10 的由来，并在后面的学习中再次理解十进制。

课中继续绘本故事的延伸，倪老师问："孩子们，……还记得吗，聪明的古人可以用 1 块大石头和 1 块小石头表示 11，今天我们用小棒也能表示 11。但是问题来了，现在只有两颗像这样颜色一样、大小也一样的小珠子了，它们还能表示 11 吗？"引发了学生的思考，学生的两方对垒非常明显。此时学生辩论显得尤为重要，通过"两颗小珠子"的争论把"位"的值辨析清楚，把一个抽象难懂的话题变得简单有趣了，变得儿童化了，也使学生对位值有了领悟，从而事半功倍地达成教学目标，学生充分体会到了位值制的作用与价值。

在我们的课堂上，如果经常让孩子们有机会辩论，这便是教育给孩子的

最好的供给。倪老师在一年级就呈现了这样一种方式,我想是很不容易的,如果这样坚持下去,日积月累,孩子们的核心素养一定能逐步培养起来。

在课的结尾,倪老师继续延续绘本故事的情境,引发学生的深度思考,倪老师说道:"如果让你继续讲下去,你会用怎样的图画来表达你对这些数的认识呢?"课已停,思未止……

整堂课中数学文化的引入不再是数学课上的点缀,而是真正启动学生思维的活动情境,这是数学素养的培养,是数学活动价值之所在。

团队成员感悟

吴老师紧紧围绕数概念教学的本质,给我们进行了深入的剖析。吴老师的点评使我们认识到,教学中教师要注重引领学生亲历认数的过程,让学生在数的认识上经历由具体到抽象的过程,发展学生数的思维,深化学生对数的意义的感受,初步建立位值思想。综观整节课,孩子们学得很兴奋,学得很积极,真正实现了高效课堂。

(本节课在全国小学数学教学改革观摩交流中获一等奖)

8. 为学生创设有效的学习环境

——评高雪艳老师执教的《质数与合数》

教学实践证明，真正有效的情境是为学生的发展而设计的，学生在面临挑战性任务时，往往会释放更多的能量，进行更加有效的学习。当我走进北京史家胡同小学高雪艳老师的课堂，便被融洽的课堂氛围深深吸引。在自然、亲切、和谐的氛围中，教师引导自如，学生学得轻松、愉悦。为什么学生能有如此高的学习热情？为什么高老师的课给听课者带来如此舒服的感觉呢？让我们走进高老师的课堂寻求答案吧。

【片段一】

师：同学们，今天我们继续研究有关数的知识。（出示数字卡片：2、13、9、12、7、16、15 贴在黑板上）

师：看到这些数，你想到了什么？

生：2、12、16 是偶数。

生：7、9、13、15 是奇数。

生：2 是 16 的因数，16 是 2 的倍数。

……

师：9 不仅是奇数，还有一个名字叫合数。2 不仅是偶数，还有一个名字叫质数。

师：2 是质数，9 是合数，那么其他的数是质数还是合数呢？

今天这节课，我们就一起来研究有关质数与合数的知识。（板书课题：质数与合数）

【片段二】

1. 操作，感悟。

师：请两个同学商量一下，你们想研究哪个数？（出示边长1厘米的正方形）今天，我们就借助这些小正方形帮助理解。

两人一组活动：

（1）你们研究哪个数，就从学具袋中取出几个小正方形。

（2）用你们选好的正方形来拼摆长方形或正方形。能摆几种，就摆出几种。

（3）将你摆的结果，填在表格中。

小正方形的个数	长方形或正方形	
	长（边长）	宽（边长）

同时思考问题：

（1）你用几个小正方形拼出长方形或正方形？

（2）你是怎样拼的？长方形的长、宽各是多少？或正方形的边长是多少？

学生汇报，教师用电脑演示学生汇报的结果。（展示图形）

2. 发现图形与算式的关系。

师：你们看，拼成的长方形的长和宽与正方形的个数有什么关系？

生：长和宽相乘就得到了正方形的个数。

教师操作电脑，图形消失，出示乘法算式：$7=7×1$。

3. 发现算式与因数的关系。

师：观察这些等式，你发现了什么？

生：有些数只能写出一个乘法算式，有的可以写出多个乘法算式。

生：每个算式中的数，都是小正方形个数的因数。

【片段三】

1. 分类。

师：这些数的因数有什么特点？

生：所有的数都有 1 和它本身两个因数。

生：有的数除了 1 和它本身两个因数，还有别的因数。

生：因数的个数不同，有 2 个因数，也有 3 个因数。

师：你们能不能将这些数分分类呢？

全班交流：引导学生将 3、4、5、6 个因数的归为 2 个以上。

根据学生分类的结果，电脑演示分类过程。

2. 归纳概念。

师：观察 2 个因数的这一类，它们的因数有什么特点？（板书：只有 1 和它本身两个因数）

师：你能举出几个只有 1 和它本身两个因数的数吗？

学生举例，教师板书。

师：观察 2 个以上因数的这一类，它们的因数有什么特点？

3. 完善概念。

师：同学们，像上面这些数（2、5、13……）我们把它们叫作质数或素数。

像这些数（9、12、15、16……），我们把它们叫作合数。

什么样的数叫质数，什么样的数叫合数？

全班交流，教师引导学生完善概念。

（板书：一个数只有 1 和它本身两个因数，这个数叫作质数，也叫作素数。一个数除了 1 和它本身，还有别的因数，这个数叫作合数。）

师：和你的同桌说一说，什么叫质数，什么叫合数。

4. 练习。

师：我们知道了什么样的数是质数，下面来做个小游戏。

你的学号如果是 20 以内的质数，请你起立。

你的学号如果是 20 以内的合数，请你起立。

请你们按照从小到大的顺序排列起来。

师：（询问学号是 1 的同学）你为什么两次都没起立？
生：1 没有两个不同的因数。（师板书：1 既不是质数也不是合数）

吴老师评析

听完高老师的课后，我有以下几个突出的感觉。

1. 为学生创设有效的数学学习环境

学生的数学学习内容应当是现实的、有意义的、富有挑战性的。本节课一开始就直奔主题，一改传统的从自然数的两次分类入手，而是出示一组自然数问学生："看到这些数，你想到了什么？"通过学生们介绍数的特性，既复习了旧知识，又了解了学生的知识储备，为下面的学习奠定基础。随后，又以"2"是质数，"9"是合数为例，从数的特征入手，提出了"质数"与"合数"的名称，调动起学生的探究欲望，激励学生去主动探究。

老师为学生创设了自然、朴素的学习氛围，在复习的同时既了解学生的知识储备，又为下面的学习奠定基础，这种学习氛围的创设是有效的。

2. 为学生创设探究实践活动

"做数学"强调学生学习数学是一个现实的体验、理解和反思的过程，强调了以学生为主体的学习活动对学生理解数学的重要性。研究表明：人们在学习时，如果仅靠听和看，最多能吸收 30%的信息；如果动手做的话，吸收信息可以达到 90%以上。

"数学教学是数学活动的教学"，在这节课的教学中，教师打破了传统的从找某个数的因数入手进行知识的学习的教学模式，而让学生们动手操作，通过用小正方形来拼摆长方形或正方形，去感悟长方形的长和宽或正方形的边长与小正方形的个数间的关系。由直观形象的图形抽象出乘法算式，再通过观察乘法算式，发现某数与其因数间的关系。最后，学生们又依据某数的因数的个数进行分类，从而逐步向质数与合数的概念靠近。

在教学过程中，高老师借助多媒体的演示，将数与形的结合直观形象地展现在学生面前，使原本枯燥的知识更加直观。学生们能够清晰地观察到图形的拼摆过程，由图形到算式再到因数的演变过程。这样更有利于学生发现知识的本质，体验数学的魅力，同时也在一定程度上提高了课堂实效性。

学生在自然情境中，在教师的帮助下，在"做"的过程中积累了直接经验，主动参与数学知识的发生、发展和形成过程，理解和掌握了数学思想、知识和方法。

3.关注数学知识的本质

在这节课的学习过程中，高老师能够始终关注数学知识的本质，从概念入手来学习知识。特别是在引导学生进行探究的环节，高老师紧紧围绕概念的本质向学生提出问题："拼成的长方形的长和宽与正方形的个数有什么关系？""观察这些等式，你发现了什么？""这些数的因数有什么特点？"环环相扣的问题引发了学生的积极思考，同时引导学生向质数、合数的概念逐步靠近。

正是因为教师对教材的深入钻研，对学生深入、全面的了解，对课堂学习的有效把控，才有了这节课上师生间的自然、有效的交流与探究，才成就了这节课的精彩。

团队成员感悟

吴老师紧紧围绕创设数学学习情境对高雪艳老师执教的《质数与合数》一课进行评析。她关注教师对教材的挖掘与把握，对教学过程的实施与调控，还关注教师为学生创设学习氛围的同时是否把握了教学的本质。吴老师的评课也让我们感悟到，在学习过程中不仅要用大脑思考，而且要用眼睛去看，用耳朵去听，用嘴巴去说，用手去做，用身体去经历，用心灵去感悟，这样才能逐渐走进数学，发现数学的特点，实现内化与升华。

9. 抓联系，让枯燥的计算有滋有味

——评张艳老师执教的《小数乘法》

计算教学是小学数学的一个重点内容。随着课程改革的不断深入，我们已经取得了很多宝贵的经验。很多教师已经能够有意识地让学生在理解算理的基础上掌握算法，重视学生运算能力的培养。但是，在教学实践中还有一些需要我们思考的问题。比如：计算的算理到底是什么？如何让学生经历内化的过程，真正理解算理？如何通过核心概念的理解促进算理与算法理解的一致性？

北京市房山区张艳老师的《小数乘法》这节课就很好地回答了这几个问题。

【片段一】

师：咱们今天就借用长方形长、宽与面积的计算关系来学习小数乘法，可以吗？看着大屏幕，求一个长方形的面积。一个长度单位是厘米，我们在方格图当中给大家两个数据，阴影部分长3厘米，宽2厘米，谁会计算它的面积？列式并说出结果。

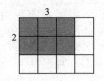

生：3乘2等于6平方厘米。

师：如果变化一下数据，提高一下难度，还能知道这个长方形的面积吗？

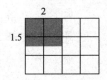

生：2乘1.5等于3平方厘米。

师：孩子们，其实这已经是一道小数乘法题了，对不对？其中一个因数是小数，他说得3，对吗？

生：对。

师：你是怎么得出来的，说说你的想法好吗？

生：我采用数方格的方法，下面的两个格合并起来是一个，上面有两个，所以一共是三个格。

师：他通过数方格的方法轻松地解决了这个问题，看来方格帮了我们的忙。

师：还有其他方法吗？

生：我用计算的方法，两个0.5就是1，1乘2就是2，1和2合起来就是3。

师：这样计算可以吗？

生：可以。

师：看，数据又变了，长2.7厘米，宽1厘米，谁先说算式怎么列？

生：2.7×1。

师：（板书：2.7×1）孩子们，再来看看，这又是一道小数乘法题，但是这个数比较特殊，大家根据经验应该知道，它的得数是多少？

生：2.7平方厘米。

生：我们也可以数方格，两个完整的格，还多半个多格，就可以看作2.7。

师：小数乘法有那么好学吗？

生：好学。

师：其实没这么好学，难的在后面呢。

师：大家接着看。长没有变，还是2.7厘米，关键看宽，谁会列出一个乘法算式？

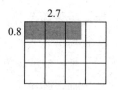

生：2.7×0.8。

师：数方格，是多少？还容易数吗？

生：不好数。

师：看来用数方格的方法求一个长方形的面积不是不可以，但是在有些情况下就不方便，而且勉强数出来也不准确，这时需要什么方法呢？

生：小数乘法。

师：我们需要研究计算的方法，那么 2.7 乘 0.8 究竟应该怎样算？我想同学们一定特别期待老师讲，是不是啊？

生：是。

师：我们可以列一个竖式写 2.7，然后再写 0.8，但到底应该怎样算呢？

老师让学生独立计算 2.7×0.8，然后进行交流。

生：先看成 27×8，再把结果的小数点向左移动两位。

生：先把 2.7 扩大 10 倍看成 27，再把 0.8 扩大 10 倍，看成 28。27×8 的结果再缩小 100 倍。

$$\begin{array}{r} 2.7 \\ \times\ 0.8 \\ \hline 2.16 \end{array} \xrightarrow{\times 10} \xrightarrow{\times 10} \xleftarrow{\div 100} \begin{array}{r} 27 \\ \times\ \ 8 \\ \hline 216 \end{array}$$

师：这位同学不但会算，而且理由很充分。你们明白他这样算的道理吗？谁再说说？

生：借助 2.7×1，然后计算 2.7 乘 0.8 肯定不会超出 2.7，所以是 2.16，小数点要点在 2 的后面。

师：这位同学借助了什么方法确定小数点的位置呢？

生：数方格的方法。

师：其实这样的方法就是估算，如果我们在计算之前估算一下结果的大致范围，就会做出合理的判断。

生：直接算 2.7×0.8，看因数有几位小数，积的小数位数是因数的小数位数的"和"。

师：同学们的方法很多，也有各自的道理。这些方法有什么共同点呢？

生：这些方法都得先计算 27×8。

师：计算 27×8，你们陌生吗？

生：不陌生，就是整数乘法。

生：第二步就是点上小数点。

师：你们认为是第一步容易还是第二步容易呢？

生：第一步容易，因为已经学过了。

生：第二步点小数点是新知识，所以比第一步难。

师：这个小数点究竟应该怎样点？为什么这样点呢？通过刚才的计算，你能谈谈自己的想法吗？

生：数一数因数一共有几位小数，积的小数位数就是因数的小数位数之和。

师：非常好，这就是小数乘法的计算方法。但是为什么这样点小数点呢？在同学们的这些方法中有没有能够解释这个问题的？

生：方法2就是啊，我记住2.7是一位小数，然后把2.7扩大10倍变成了27，0.8又是一位小数，再把0.8变成8。因数一共有两位小数，我们扩大了100倍，那么216就要缩小100倍，也就是数两位小数。

师：看来，我们用数小数位数的方法还是有道理的啊，而且这些道理都蕴含在同学们的方法之中。

【片段二】

练习环节：计算2.3×12，2.3×1.2，2.3×0.12。

学生分组计算后教师出示：

```
    0.2 3         0.2 3         0.2 3
  ×   1 2       ×   1.2       ×   0.1 2
  ───────       ───────       ───────
      4 6           4 6           4 6
    2 3           2 3           2 3
  ───────       ───────       ───────
    2.7 6         0.2 7 6       0.0 2 7 6
```

师：这三道题有什么相同点？又有什么不同点？

生：这三道题都是先按整数乘法来计算23×12，不同的是因数的小数位数不同，积的小数位数也不同。

生：23×12就像一个替身一样啊，替它们先算出乘积，然后点上小数点就是小数乘法了。

师：对啊，23×12真像一个隐形替身。千金难买回头看，我们回头看一看我们算过的题目，2.7×0.8的隐形替身是谁呢？

师生共同回顾并小结整数乘法和小数乘法之间的联系。

```
    2.7    ×10→     27    ×10→    270
  × 0.8    ×10→  ×   8    ×10→  ×  80
  ──────          ──────         ──────
    2.16   ←÷100   216    ←÷100  21600
```

小结：如果我们只采摘花瓣，那将永远得不到美丽的花朵。如果我们从联系的角度看数学，就会体会到数学的简单、美妙。

吴老师评析

数学教学要注重三个联系，即让学生"体会数学知识之间、数学与其他学科之间、数学与生活之间的联系"。张艳老师的这节课，正因为抓住了"联系"，即使是枯燥的计算，也让学生学得有滋有味，值得我们听课者反思回味。

1. 抓住数学知识之间的联系，利用几何直观解决计算问题

我国著名数学家华罗庚曾说过："数形结合百般好，隔离分家万事非。"张老师以长方形面积的计算引入，要求学生依次计算出四个长方形的面积，分别是：3×2、2×1.5、2.7×1、2.7×0.8，先让学生感知可以用数方格的方法解决部分问题，但是，当遇到2.7×0.8这个问题时，利用数方格的方法就不够精确了，由此让学生产生用计算的方法解决问题的需求，引出本节课要学习的重点。这就是利用几何直观来解决计算问题的一个很好的策略。利用几何直观解决代数问题是数学的基本思想之一。

从另一个方面看，在计算2.7×0.8时，虽然数方格的方法不能够帮助学生精确计算出结果，但是可以在估算和推理上帮助学生。学生从图形上推断，2.7乘0.8肯定比2大，比2.7小，从而确定小数点的位置。几何直观与逻辑推理也是不可分的。几何直观常常是靠逻辑支撑的，它不仅是指看到了什么，而且还包括通过看到的图形想到了什么，思考了什么，这是一种非常重要而且有价值的数学思维方式。

2. 抓住方法之间的联系，使算理、算法有效融合

算理与算法的融合是计算课一直在研究的问题，更是值得我们进一步深入研究的问题。计算的新授课不能够只重算法而不重算理，但是，又不能使算理形式化、格式化，否则学生只会重复一大段"套话"，而没有真正地将知识内化。计算教学既要教算理，又要教算法。只有做到算理、算法有效融

合，才能真正提高学生的计算能力。

在张老师的课堂中，我感到生生之间的交流非常充分。学生中出现了四种方法：

方法1：先看成27×8，再把结果的小数点向左移动两位。

方法2：先把2.7扩大10倍看成27，再把0.8扩大10倍，看成8，27×8的结果再缩小100倍。

方法3：借助2.7×1，然后计算2.7乘0.8肯定不会超出2.7，所以是2.16，小数点要点在2的后面。

方法4：看因数有几位小数，积的小数位数是因数的小数位数的"和"。

接下来，张老师引导学生找到这些方法的相同点，即先按整数乘法的计算方法进行计算。学生认为这一步不难，因为已经是旧知识了。第二步，点小数点是关键。张老师又一次引导学生找到不同方法之间的联系，学生发现方法2就是方法4背后的道理。其实，方法背后所蕴含的就是算理。教师需要做的就是挖掘这些道理，使它们向更加科学的方向发展。

3. 抓计算方法之间的联系，整体构建知识框架并内化算理

在练习的环节更加体现了张老师的别具匠心，通过让学生计算2.3×12、2.3×1.2、2.3×0.12这几个有联系的题目并加以比较，使孩子们深深感受到小数点应该怎样点，为什么这样点，突出了本节课的重点和难点。

通过回顾2.7×0.8，延伸到27×8，再延伸到270×80，让学生从中找到利用整数乘法的规则来计算小数乘法的道理，进而使学生认识到整数乘法和小数乘法不同的只是数域的扩充，其中的算理是相通的，从而形成整体的知识结构。课件制作得很精彩，几个竖式重合在一起，形象、生动，给人眼前一亮的感觉。在这节课结束时，张老师说："如果我们只采摘花瓣，那将永远得不到美丽的花朵。如果我们从联系的角度看数学，就会体会到数学的简单、美妙。"这里巧妙地渗透了学好数学的思想、方法，令人回味。

计算教学往往是枯燥、乏味的，计算课也可以上得"有滋有味"——给学生留下真正值得回味的、充满思维价值的"数学味"。

◯ 团队成员感悟

吴老师通过"抓联系"这个关键词,对如何挖掘教材中的联系、如何让学生建立知识间的联系,促进学生学习的结构化、整体化进行了解读。吴老师的评课使我们认识到,在教学中要引导学生从未知走向已知,让学生利用整数乘法的基础来理解小数乘法的道理,进而使学生认识到整数乘法和小数乘法不同的只是数域的扩充,其中的算理是相通的,从而形成整体的知识结构,促进学生的整体性把握。

(本节课在北京市小学数学课堂教学观摩交流中荣获一等奖)

10. 知"法"明"理",提高学生的运算能力
——评许淑一老师执教的《一个数除以小数》

数学运算教学在小学阶段占有十分重要的地位,在以往的课堂教学中,部分老师感觉计算教学枯燥无味,教学中比较重视计算的方法,对"算理"关注较少。也有不少老师反映,算理难懂,不知怎样引导学生理解算理。如何在小学教学中有效突破算理难理解的问题,确实值得大家思考。北京市东交民巷小学的许淑一老师以《一个数除以小数》为例,进行了有意义的尝试。

【片段一】回忆旧知,引入新知

师:前几天我们学习了除数是整数的除法,比如7.65÷85,大家学得还不错。今天我们要研究7.65÷0.85这样的问题,它和前面学过的题目有什么不同?

生:前面学过的是除数是整数的,这道题的除数是小数。

师:今天我们就来一起学习除数是小数的除法。(板书课题:除数是小数的除法)

【片段二】分层指导,展开学习

1.尝试找到新知的增长点。

师:除数是小数的除法,你觉得应该怎样算?

生:我认为要把被除数和除数都扩大。

生:我认为可以把被除数和除数同时扩大100倍,变成整数除以整数就好算了。

2.分层学习。

师:参考同学们的意见,觉得自己已经能够独立计算的,在本子上独立

计算7.65÷0.85这道题；觉得有困难还不能计算的，老师和你一起从简单的问题1.5÷0.5开始研究。每位同学的桌面上都有学具袋，里面有一组学习素材，大家可以任选其中一个，算一算，画一画，也可以填一填，研究1.5÷0.5得多少。

投影出示：

素材一：一个棒棒糖0.5元，1.5元能买几个？

素材二：1.5里面有几个0.5，你能圈一圈吗？

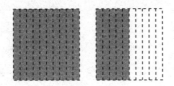

素材三：填一填。

被除数	150	15	1.5
除数	50	5	0.5
商			

3. 学生活动，教师巡视、指导。

【片段三】初探，理解算理

师：卡片一是一个具体情境问题，同学们是怎样借助它解决问题的？

生：1.5元=15角，0.5元=5角，15÷5=3（个）。

师：这位同学把单位进行转化解决了问题，也可以说是把小数转化成整数来算。

师：谁是用卡片二圈一圈，研究出1.5÷0.5得多少的？

生：（边指图边说）这是15份，这是5份，所以1.5里面有3个0.5。

师：谁是用卡片三研究的？

生：卡片三上有三个小题，150÷50，15÷5，1.5÷0.5，我发现它们符合商不变的规律，被除数和除数都是同时缩小相同的倍数，所以1.5÷0.5得3。

师：同学们借助不同的素材都解决了1.5÷0.5这道题，在解决过程中大家有什么发现吗？

生：都可以把 1.5÷0.5 转化成 15÷5 算。（师板书：转化）

【片段四】再探，理解算法

1. 展示竖式。

师：独立尝试计算的同学也已经有结果了，我们一起看一看。

师：黑板上是老师收集的各种算法，你觉得哪个结果是正确的？

$$0.85\overline{)7.65}85\overline{)765}0.85\overline{)7.65}$$

（竖式结果分别为 9、9、0.09，减去 7.65、765、7.65 后余 0）

生：9 是正确的。

师：有什么办法来证明？

生：可以验算，用 0.09×0.85 的结果和 7.65 比较就可以了。

有部分学生想动笔乘一乘 0.09×0.85 得多少。

师：0.09×0.85 会得 7.65 吗？不笔算能不能知道？

生：0.09×0.85 的结果比 0.09 都小，不可能得 7.65，根据的是一个数乘一个比 1 小的数，积比这个数小。

2. 书写正确的学生介绍自己的竖式。

生：我是把除数和被除数的小数点和 0 都划去了，这样它们都变成了整数，就好算了。

师：除数和被除数的小数点和 0 划去后，原数发生了什么变化？

生：（齐）扩大到原数的 100 倍。

师：为什么要把除数和被除数都扩大到原来的 100 倍？

生：除数扩大到原来的 100 倍后，变成了整数，为了使商不变，被除数也要扩大到原来的 100 倍。

师：这样做的根据是什么？

生：（齐）商不变的规律。（师板书：商不变的规律）

师：所得 9 是谁的商？

生：既是 765÷85 的商，也是原题 7.65÷0.85 的商。

3. 利用计算机，演示回顾竖式的书写。

吴老师评析

许淑一老师的这节课，给我们带来以下思考。

1. 抓住转化的数学思想，让学生知其然并知其所以然

一个数除以小数，从知识本身来讲就是把它转化成一个数除以整数，看似简单的问题学生为什么常常会搞错小数点的位置？一个很重要的原因就是学生没有理解算理，对"商不变的规律"没有更深层次的理解。许老师在课上借助直观模型，使学生明白了除数是小数的除法转化成除数是整数的除法，就是把被除数和除数都同时换成相同的计数单位来计算。学生在理解了算理的基础上就更深入地理解了"商不变的规律"，进而理解了为什么转化、怎样转化的问题。

综观本节课的设计，"转化"的数学思想贯穿始终：从一开始对7.65÷0.85的研究转化为1.5÷0.5，复杂问题简单化，从1.5÷0.5汇报交流到7.65÷0.85的研究，学生通过尝试、交流，亲历了转化的过程，意识到转化是一个非常重要的学习数学的方法。

2. 尊重学生，在面向全体的基础上实现了分层教学

每个学生都有自己独特的认知基础和思维方式，这种认知上的差异将不可避免地影响学生的学习活动，并在新知建构和解决问题的过程中有不同的呈现。

《一个数除以小数》无论在教材编排上还是在学生学习过程中都属于计算教学的重点、难点。如果面向全体学生直接抛出数学问题，如解决7.65÷0.85，一部分学生会感觉摸不着头脑，于是，许老师给这部分学生提供学习素材，让他们有机会选择较简单的一个数除以小数。

此外，她还给全体学生提供三种素材。这样的安排，我认为达到了四个目的：第一，降低了有一定学习困难的学生学习一个数除以小数的门槛，并尊重了他们的心理感受；第二，全体学生通过交流感受到，研究复杂的问题可以从研究简单问题开始，意识到"转化"是一个数除以小数的通法；第三，让基础好的学生在算完之后，有机会通过素材去反思、验证自己做题的方法及结果是否正确；第四，培养了学生面对数学知识时能寻找其实际背景的思维习惯。

3. 学习素材别具匠心，使学生真正经历了探索过程

许老师在课堂上提供了三组素材："素材一"依托情境，化新为旧。她给学生提供生活素材，学生利用单位换算，把元变为角，小数除法自然地转化成整数除法，使问题得到解决。"素材二"数形结合，通过操作来感悟。她给学生提供方格图，让学生画一画，算一算，找到算法。它适用于成绩中上等的学生，借助小数的意义，建立直观模型，使学生在动手操作的过程中，感悟算理。"素材三"是一组整数除法中商不变性质的素材和一个探究性的问题，让学生利用规律，迁移延伸。学习能力较强、基础较好的学生在这个素材的引导下，通过自己的观察和思考，会自觉利用商不变的性质解决新问题，意识到将小数除法转化成整数除法。

三组学习素材是按思维过程的从难到易呈现的，留给学生较大的研究空间。在反馈时，许老师先呈现最容易的、最基本的方法，然后逐步抽象，让学生清晰地看到商不变的性质从整数扩展到小数，并运用于小数除法当中，这样的设计符合学生的认知规律和思维发展进程。

团队成员感悟

吴老师的点评使我们认识到：理解算理、掌握算法是提高运算能力的关键，而如何协调好二者的关系，帮助学生知"法"明"理"，不同层次的学生需要有不同的学具进行支撑。另外，计算教学同样要以培养学生思维能力为核心，要关注学生的学习过程，让他们学会思考的方法，让他们在自身实践探索的过程中实现发展，并将积累的学习经验迁移到其他领域的学习中。

（本节课在全国中小学高效课堂教学展示交流会上做教学展示）

11. 整体把握教材，发展学生空间观念
——评王彦伟老师执教的《图形的旋转》

《图形的旋转》一课是图形位置与运动主题中学习的内容。运动是世间万物的基本特征，是物质存在的基本形式。从几何教学来看，图形运动的学习，改变了人们用静止的观点研究几何的传统方法，开启了用运动的观点研究几何问题的方法。怎样通过数学课堂把这种方法传递给学生，使学生用数学的眼光去认识和把握生活中的变换现象？下面让我们来分享北京市东城区教师研修中心王彦伟老师执教的《图形的旋转》。

【片段一】认识旋转要素

1. 呈现生活实例，引出研究问题。

（1）出示动态挂钟，请同学判断挂钟中哪些物体在做旋转运动。

问题：看一看挂钟上哪些物体在运动。用我们学过的知识描述一下。它们在做怎样的运动？

引导：大家都认可钟面上的指针在旋转，但是钟摆到底是在平移还是旋转意见不统一。这是我们今天要弄明白的一个问题。

（2）师生举例，温故引新。

问题：在二年级的时候我们初步学习了生活中的旋转现象，能举几个例子吗？（学生举例）

师：我也收集了一些，我们一起来看看。（出示课件，展示生活中的旋转现象）选择你喜欢的一个，说说它是怎么旋转的。

问题：通过刚才的观察，你认为什么样的运动就是旋转？

师： 看来，同学们已经初步认识了生活中的旋转现象，今天我们进一步学习图形的旋转，从数学的角度研究图形旋转到底有哪些特征。

2.借助钟面指针，明确旋转三要素。

（1）认识旋转要素——旋转方向。

问题1：同学们请看大屏幕，这是什么？（风车）请注意观察，风车的叶片是怎么运动的？

问题2：这个风车的两层叶片的旋转有什么不同？

问题3：什么叫顺时针旋转，谁能解释一下？能用箭头表示一下吗？与顺时针相反的方向叫什么？用箭头怎么表示？

导入：通过观察风车旋转，我们发现旋转要具备的一个特征是要按一定的方向旋转。旋转还有哪些特征呢？下面，我们就从大家最熟悉的表针旋转入手进行研究。为了研究方便，只从中选取一根指针来研究。

（2）认识旋转要素——旋转中心、旋转角度。

甲　　　　乙

动态出示指针从"12"到"1"、从"2"到"6"。

问题1：注意观察，甲、乙两个钟面上的指针分别是怎么旋转的？任意选择一个钟面来说一说指针的旋转过程。

问题2：两个钟面上都是指针在旋转，在旋转过程中有什么不同的地方吗？

问题3：有相同的地方吗？

指针从"12"绕点O顺时针旋转30°到"1"。

问题4：你怎么知道甲钟面上的指针旋转了30°？

问题5：通过刚才的学习，想一想怎样能把指针的旋转表述清楚。

小结：一定要说清楚"指针是绕哪个点旋转""是向什么方向旋转""转动了多少度"这几点。

（3）想象操作，加深理解。

问题1：这里有一个空白的钟面，想象一下，指针如果从"6"到"9"，你知道是怎么旋转的吗？请一边演示一边说。

问题2：指针只能从"6"顺时针旋转到"9"吗？请一边演示一边说。

问题3：同学们又是怎么知道是逆时针旋转270°呢？

（4）借助自制教具，突破难点。

问题1：现在谁能说一说什么是旋转？

问题2：钟摆是不是在做旋转运动？为什么？

教师演示教具。

【片段二】感悟旋转性质

1.研究线段的旋转。

（1）模拟操作。

问题:我们能够清楚地描述指针的旋转了,如果把指针看作一条线段,用 OA 来表示,想想看,线段能旋转吗?可以怎么旋转?拿出一支笔,用它来表示线段 OA,在桌面的方格中感受一下可以怎么旋转。

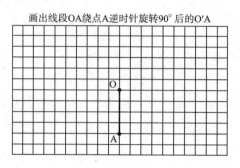

展示交流:可以绕点 O,也可以绕点 A;可以顺时针旋转,也可以逆时针旋转。

(2) 画中理解。

问题:想象一下,线段 OA 如果绕点 A 逆时针旋转 90° 会旋转到什么位置,并把它画在方格纸中。

(3) 辨析深化。

问题:谁愿意介绍一下自己是怎么画的?观察旋转前后的线段,什么变了?什么不变?

错例辨析:这里有几幅画得不太一样,我们一起来看看有什么问题。(旋转中心错,旋转方向错,线段长度错。)

小结:在画图的时候一定要注意这三个要素。

2. 研究面的旋转。

(1) 模拟操作,类比迁移。

教师利用旋转前后的两条线段,又补充第三条线段,围成了一个三角形。这时,由"线段的旋转"自然迁移到第二阶段"面的旋转"。

问题1:三角形 AOB 绕点 O 顺时针旋转 90° 后,得到什么样的图形?请利用老师提供的活动三角形学具,在桌面的方格中操作。

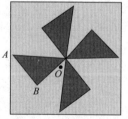

（2）展开想象，激活思维。

问题2：如果继续绕点O顺时针旋转90°三次，最终会旋转成一个什么图案？

学生回答后，教师播放课件，动态演示风车形成过程。

【片段三】感受旋转的应用

1.欣赏图案，感受旋转创造的美。

（1）动态呈现：菱形旋转、等边三角形旋转、圆形旋转。

 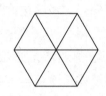 

（2）多角度观察图形，识别不同的基本图形。

2.拓展延伸，感受旋转变化在生活中的应用。

欣赏生活中的雪花及千手观音舞美造型。

🌀 吴老师评析

"图形的旋转"是人教版教材五年级的教学内容。从课程标准的要求来看，小学阶段只要求初步认识图形的变换。此内容的学习可以帮助学生从运动变换的角度去认识周围的事物，发展空间观念和几何直观，感受数学与现实世界的联系，体验学习"图形与几何"的乐趣。王彦伟老师设计的《图形的旋转》一课是 2010 年北京市教学设计评选中数学学科的优秀作品。王彦伟老师的教学设计以新课程理念为指导，关注学段衔接，基于学生需求，将多种活动有机结合，观察、操作、想象、思维并重，具有以下几个突出的特点。

1. 立足学段衔接，有效使用教材

本节课王老师注重整体把握课标的学段要求及教材的结构体系，一方面注重新旧知识的联结点，将原有知识、经验作为学习新知的基础，另一方面注重从单元目标中合理分割课时目标，将教学重点定位在对图形旋转特征和性质的理解及感悟上，没有安排在方格纸上画出三角形旋转 90°后的图形，而是放到后面的课时去学习，本节课只要求学生利用手中的学具在方格纸上摆出三角形旋转 90°后的图形。这样安排既分散了难点，使学生对旋转的含义有清晰的理解，探索图形旋转的特征与性质的活动能得以落实，为接下来学习在方格纸上画图奠定了基础，同时又使学生有足够的时间去学习画法，切实形成技能。在 40 分钟的学习中学有侧重，还为学生将来进入初中学习旋转，探索它的基本性质做了很好的铺垫。

2. 基于学生需求，选取恰当素材

本节课的一个突出特点是基于学生的问题，准确把握教学的起点。学生在二年级的学习中已通过生活中的旋转实例初步感知了旋转现象，对图形旋转的认知并非"空白"。教师通过前测，准确地了解到部分学生存在着物体以一个点或一个轴为中心进行整圆周运动才是旋转的认识偏差，很好地捕捉到学生的问题。小学阶段关于图形变换的教学，应定位在积累感性体验，形成初步认识上，如果选取的例子不够典型或者具有局限性，就容易屏蔽概念本质，有时还可能产生歧义，不利于学生形成正确表象。

为此，在新课伊始王老师有意识地选取了道闸、钟摆等旋转角度不是 360°的实例作为教材的补充，使实例更具典型性、全面性，有效地助推了学生对概念本质的把握，纠正了认识偏差。只有从学生出发进行教学设计，才能确定教学的着力点，这样的教学才具有实效性。

3. 多种活动结合，发展空间观念

图形的旋转对于帮助学生建立空间观念，掌握变换的数学思想方法有很大作用。教材不仅设计了看一看、做一做、画一画等丰富多彩的操作活动，而且还设计了需要学生进行想象、猜测和推理的探究活动，以便学生的空间想象力和思维能力得到充分的锻炼。

在本节课中，我们可以看到王老师精心设计了多种探究活动，将观察想象、模拟操作、语言描述、绘制图形等多种学习活动有机结合，帮助学生认识旋转要素，感悟旋转性质，积累数学活动经验。这种先想象再操作的方法，不但符合小学高年级学生的年龄特点，培养了学生动态感知图形变换的能力，而且当学生看到操作的结果与自己的想象对接成功时，就会感到自己具有驾驭数学知识的能力，从而体验到成就感和学习的快乐。在以上教学过程中，王老师还特别注意充分利用语言工具，引导学生刻画图形特征，适时抽象概括，提升学生的认识水平。多种活动的有机融合，有效地发展了学生的空间观念。

4. 巧借自制教具，突破教学难点

早在17世纪，捷克著名教育家夸美纽斯就在他的《大教学论》中提出："在可能的范围以内，一切事物都应该尽量地放在感官跟前。"知识是在感知的基础上形成和发展起来的，而教具的使用可以将知识具体化，便于学生对知识的掌握和理解。在这节课上，针对前测发现的学生认为钟摆运动不是旋转的认知偏差，教师巧妙地利用简单的自制教具，在黑板上渐渐形成一个圆形运动轨迹，帮助学生认识钟摆运动是钟摆围绕一个点所做的局部圆周运动，而且在摆动中既包含了顺时针旋转，同时也包含了逆时针旋转，巧妙地突破了难点，简单的教具发挥了不可替代的作用。因此，成功的课堂往往是多种教学手段的有机结合及灵活运用。

5. 利用课堂生成，拓展学习资源

课堂教学是千变万化的，不期而至的意外生成是数学教学中常常出现的场景，正如叶澜教授所说："课堂应是向未知方向挺进的旅行，随时都有可能发现意外的通道和美丽的图景，而不是一切都必须遵循固定线路而没有激情的行程。"在本节课中，教师尊重每一位学生，创设和谐民主的学习交流环境，巧妙利用"平面搬家"和"为什么一样长"等课堂上的预设外生成，鼓励学生用不同的路径去获取新知，并给予恰当引导，让学生的灵性真正得以释放，使这种生成拓展为促进学生学习的重要资源，有效地促进了学生知识技能与情感态度的协调发展。

综上所述，本节课展示了王老师积极思考与探索的成果，是践行新课程理念的优秀教学设计。

团队成员感悟

吴老师紧紧抓住本节课的教学特色，即"整体把握教材，发展学生空间观念"，为我们诠释了如何把握"图形的位置与运动"的教学。通过吴老师悉心的点评，我们认识到，教学"图形位置与运动"这部分内容时，素材的选择要贴近学生实际，这样才有利于学生体验、思考与探索。同时，要注意借助操作活动，加深学生对图形运动的认识，帮助学生体会图形运动的特征。此外，还要注重从运动的角度，引导学生欣赏图形、设计图案。这样，既可以加深学生对图形平移、旋转和轴对称的理解，又能激发他们的学习兴趣，使学生感悟数学的美及其应用价值。

（本节课获得北京市教学设计评比一等奖，并在北京市做教学展示）

12. 在真实的问题解决中发展数学思维
——评韩玉娟老师执教的《设计包装箱》

数学教学活动应激发学生的兴趣，调动学生的积极性，引发学生的数学思考，鼓励学生的创造性思维。课堂上，学生应当有足够的时间和空间经历观察、实验、猜测、计算、推理、验证等活动过程，在凸显数学本质的活动过程中，积累数学活动经验，发展数学思维。下面结合北京市第一师范附属小学韩玉娟老师执教的《设计包装箱》这节课，与大家分享我的思考。

【片段一】

教师呈现一封电子邮件。

师：同学们，我收到了一封来自温馨社区饮料厂的邮件，请大家出声地读一读。

师：这封邮件说的是一件什么事呢？

生：请您帮助设计一个饮料包装方案。

生：让您帮忙设计一个包装箱，要能装下24盒饮料。

师：这节课，我们就用学过的知识，帮助这个饮料厂来设计一个包装

箱。(板书课题)

【片段二】

师：设计这个包装箱有什么要求吗？从数学角度看，你是怎样理解这个设计要求的呢？

生：能放下24盒饮料。

生：数量不能多也不能少。

生：还可以理解成体积不变。

师：对啊，数量不变从另一个角度看就是体积不变。你认为怎样设计才有可能被采用呢？

生：我认为顾客喜欢美观的包装箱。

生：一定得好搬运。

生：需要占地少，也就是底面积小。

生：需要环保设计，要节省材料。

……

师：看来，这个包装箱既要保证体积不变，还要符合顾客的这些要求。估一估每个小饮料盒的长、宽、高各是多少，再实际量一量。

学生活动。

【片段三】

教师介绍探究工具：电子课件的使用。

(1) 进入界面1：输入测量之后的数据，点击下一步。

(2) 进入界面2：旋转按钮可以改变盒子的方位，比如正放、侧放、倒放。

(3) 确定单个盒子的方位，输入按照长、宽、高不同方向摆放的数量，可以单个摆放（清除），也可以一次摆放（清除）。注意：全部清除后，可以进行下一次拼摆设计。

(4) 点击"计算"按钮，自动测算拼摆图形的长、宽、高以及表面积和体积，同时可以进行记录，删除记录可以清除全部记录。

(5) 记录单中，点击"★"，可以看到该组数据所对应的形状，如果数据出现错误或要取消该组数据，可以点击后面的"√"使之变成"×"。

(6) 在使用中有什么问题，可以点击"帮助"按钮，查看使用说明。

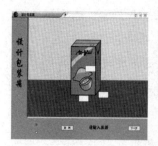
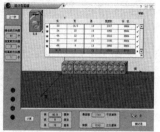

师：还有三个注意事项提醒大家：（1）24 盒，数量不变，体积不变；（2）单个饮料盒需要正放；（3）接缝处不计。

学生开始合作研究，在电脑上进行设计和操作。

【片段四】

学生进行汇报。

生：我们组设计了 5 种方案，上交第一个方案，因为占地面积小，长是 8 厘米，宽是 33 厘米，高是 26 厘米，需要包装材料 2660 平方厘米。（见图 1）

生：我们设计了 6 种方案，有一种不对，就删除了，我们选择第五种方案上交，长是 66 厘米，宽是 8 厘米，高是 13 厘米，表面积 2980 平方厘米。这种设计摆放比较美观。（见图 2）

生：我们设计了 9 种方案，通过比较我们选择了第二种方案，一是占地面积小，二是实用。这个包装箱的长是 16.5 厘米，宽是 16 厘米，高是 26 厘米，表面积是 2218 平方厘米。（见图 3）

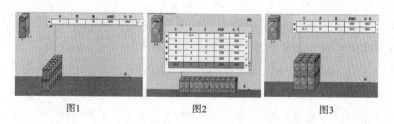

图1　　　　　　　　图2　　　　　　　　图3

生：两层的设计，上面的一层容易把下面的压坏了。

生：同等质量的东西应该不会压坏，生活中也有这样的两层放在一起的，也没有压坏啊。

生：我们组设计的都是一层的，经过比较我们发现第三种设计最省包装材料，长是 24 厘米，宽是 22 厘米，高是 13 厘米，表面积是 2252 平方厘米。（见图 4）

生：我们组设计了 4 种方案，分别是一层的、两层的、三层的，我们感觉三层的设计与众不同，可能顾客会喜欢，长是 22 厘米，宽是 8 厘米，高是 39 厘米，表面积是 2692 平方厘米。（见图 5）

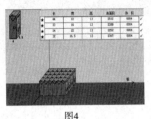
图4

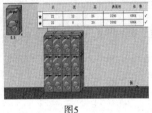
图5

师：每个组的设计都有自己的想法，如果你是饮料厂的厂长，你会选择哪一个设计呢？

生：如果我是厂长，一定会选择省包装材料的设计，因为节省了包装材料就节省了开支，还环保。

师：这位厂长非常有环保意识，我赞同。

生：如果我是厂长，一定要从顾客的角度出发，既要好搬运，又要美观。

师：这是一位具有人文思想的厂长，从顾客的角度出发，为顾客着想，你一定会是一位成功的厂长。

生：我们也认为应该为顾客考虑，节省包装材料，现在的包装又大又空，东西很少，我们可不能做欺骗消费者的事情。

师：又是一位具有社会责任感的厂长，相信未来的社会因为有了你们一定会更美好。好几位同学都提到要节省包装材料，也就是表面积要小，观察一下，这些包装箱的体积都一样，长、宽、高具有什么样的特点，表面积会比较小呢？

学生观察、讨论。

生：当体积一定，长、宽、高的数值比较接近的时候表面积比较小。可以看黑板上的数据,长是16.5厘米,宽是16厘米,高是26厘米,表面积是2218平方厘米,是最小的,跟其他数据相比,长、宽、高的数值是最接近的。

生:我跟他的发现一样,体积相同,长、宽、高越接近,表面积越小。

师:比较黑板上的这些数据,确实存在这个规律,如果从形体上考虑,又有什么发现?

生:当体积不变的时候,越接近正方体的长方体,其表面积越小,当成为正方体的时候,表面积最小。

师:请同学们把本组的设计理念、设计方案发送到 yinliaochangok@ysfx.com,谢谢大家。我们应用所学的长方体表面积、体积的知识解决了生活中的实际问题,在解决问题的过程中,又引发了我们的数学思考。

【片段五】

师:有64个正方体的魔方(棱长8厘米),装进一个大纸箱,大纸箱设计成什么形状最省纸呢?闭上眼睛想一想,然后再上机验证你的想象。

生:我们认为应该是正方体的纸箱最省纸。通过刚才的结论我们知道,当体积一定的时候,越接近正方体,表面积越小,当是正方体的时候,表面积最小。(见图6)

生:我们也认为是正方体,应该是8×8=64,可是上机之后发现,我们忽略了纸箱的高,设计成了长方体,表面积就很大了。(见图7)

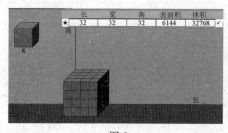
图6

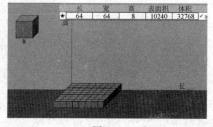
图7

师:虽然你们的设计不是最省材料,但是你们能够及时反思,还是很值得大家学习的。

师:确实,当体积相同的时候,长方体和正方体相比,正方体的表面积最小，在体积一定时，还有没有比正方体表面积更小的形体呢？

学生沉默。

师：每位同学的桌上都有一块橡皮泥，它们的体积都是一样的，动手捏出你认为表面积最小的形体，并观察、比较表面积的情况，看看有什么发现。

生：我们小组捏出了长方体、正方体、圆柱、圆锥、球，感觉球的表面积要小一些。

生：橡皮泥的体积一样，我们也认为是球的表面积最小。

师：球体的表面积到底怎样计算？在体积一定时，它的表面积会比其他立体图形少多少？把这些问题留给大家课后继续进行探究，可以问问家长，查查课外书，也可以上网查一查相关知识。

吴老师评析

回顾韩老师的课堂，最大的体会就是孩子们在一个真实的问题情境中，利用信息技术进行方案设计，在数学活动中，应用知识，发展数学思维。

1.创设真实的问题情境，开展基于问题的学习

建构主义教学理论特别强调要让学生的学习在真实的任务情境中展开。一上课，韩老师就为学生呈现了一封电子邮件，让学生从中发现并提出数学问题：设计24盒一箱的饮料包装方案。在此过程中，信息技术改变了教学内容的呈现方式，在这一真实问题的引领之下，师生开展学习活动。

"包装箱的设计"需要应用学过的长方体、正方体表面积和体积知识来解决，这一教学是以学生已有知识和生活经验为基础，进行探究并建构知识结构和能力结构的过程，同时让学生体会数学知识之间、数学与生活之间的紧密联系。教学不仅仅是学生获取基础知识和基本技能的过程，更是学生获得生活体验与生存能力的过程。课程不仅仅是文本课程，同时也是生活课程。包装箱的设计方案怎样才能被采用？这里面既有数学问题，又有对生活的关注：既要节省包装材料，又要符合顾客的需要。在设计的过程中，既有对学生数学知识与空间观念的检验，又有对学生人文精神的渗透。教学不能

过于注重知识传授，忽视学生学习习惯和人生态度的培养，要让学生获得基础知识和基本技能，同时学会学习和形成正确的价值观。

2. 积累数学活动经验，发展数学思维

数学活动经验，一定与活动密不可分。这里所说的"活动"，必须有明确的数学内涵和数学目的，体现数学的本质，它们是数学教学的有机组成部分。学生只有积极参与数学课程的教学过程，经过独立思考、探索实践、合作交流，才有可能积累数学活动经验。

韩老师在这节课上非常注重设计数学活动，让学生亲身经历如何将实际问题抽象成数学模型，同时，在教师特意设计的数学活动中积累数学活动经验，发展数学思维。

本节课主要有三个动手操作的数学活动：

（1）学生以小组合作的方式为24盒一箱的饮料设计包装箱。

（2）为64个正方体的魔方设计一个包装箱。

（3）动手用等体积的橡皮泥捏一个表面积最小的形体，并比较它们的表面积。

伴随着动手操作、观察数据、分析思考、闭眼想象等智力活动，学生的思维也在不断地深入：当体积一定的时候，长、宽、高的数值越接近，表面积越小；当成为正方体的时候，表面积最小；当体积相等的时候，还有没有比正方体表面积更小的形体呢？这些思维活动是重要的数学思考经验。

让学生获得"数学活动经验"，就是培养学生在活动中从数学的角度进行思考，直观、合理地获得一些结果。数学活动经验并不仅仅是解题的经验，更重要的是思维的经验，是在数学活动中思考的经验。思维方法是依靠长期的活动经验积累而获得的，并不是仅仅依靠接受教师的传授获得的。

因此，在教学中不仅要设计数学活动，帮助学生积累数学活动经验，更要设计有思维含量的凸显数学本质的数学问题，激发学生数学思考，发展数学思维。

3. 信息技术成为重要的探究工具

在本节课上，韩老师为学生提供了电脑课件，学生可以根据自己的设计上机实验操作，在这个过程中，学生不是简单的操作工，而是一个设计师，他们把自己的想法输入电脑。信息技术发挥了不可替代的作用：精准计算，节省了大量的时间；记录单的使用，为学生观察数据、发现规律提供了保证；绘图功能与记录单的交互，使数与形完美结合，很好地利用几何直观培养和发展了学生的空间观念……

信息技术已经改变了学生听数学、看数学的学习方式，成为学生探索和发现的重要工具，使学生成为课堂的主人。

团队成员感悟

吴老师围绕积累数学活动经验，发展学生数学思维问题，为我们解读了教学中的一个重点话题：如何有效地设计数学活动，帮助学生积累数学活动经验。吴老师的点评使我们认识到，凸显数学本质的有思维含量的数学活动，能够激发学生数学思考，发展学生数学思维。我们在数学活动的设计上，要创设真实的问题情境，给学生提供探索和发现的平台和空间，真正让学生在发现问题、提出问题、分析问题、解决问题中体会数学的魅力和实用价值。

（本课获中国教育学会录像课评比一等奖，并在北京市做教学展示）

13. 在综合实践活动中让儿童爱上数学学习
——评王洋老师执教的《身上的"尺子"》

"综合与实践"是小学数学学习中的一项重要内容，为学生提供了一种通过综合、实践的过程去做数学、学数学、理解数学的机会，是积累数学活动经验的重要载体，也是学生喜欢的数学学习内容。在设计活动时如何体现综合实践活动的综合性和实践性呢？又如何借助综合实践活动培养学生的数学核心素养呢？北京小学长阳分校的王洋老师执教的这节《身上的"尺子"》进行了有意义的尝试，充分发挥了综合与实践活动课的特点，让学生参与到好玩、有趣的数学学习中，让学生感受到数学可亲又可爱。

【片段一】

师：同学们，今天王老师给大家带来了一本数学绘本，书的名字叫《身上的尺子》，看到这本书的题目，你们有什么好奇或者想问的吗？

看到绘本，同学们的小眼睛亮亮的，专注地思考着，不一会儿同学们举起了小手。

生：身上没有0刻度，怎么会有"尺子"呢？

生：身上的"尺子"在哪儿呢？

生：身上的"尺子"有多长？

生：身上的"尺子"有什么用？

看到同学们提出了这么多有价值的问题，王老师微笑着表扬道："你们真是太会思考了！"

同学们带着这些疑问和老师一起走进绘本故事。

王老师声情并茂地讲起了故事：有一天，豆豆和妈妈一起去买衣服，看到一件上衣特别适合奶奶，可是身边也没有尺子呀。这时，妈妈竟然用手来量衣服的胸围，一拃，两拃，三拃，量完之后发现有3拃长，妈妈说，这衣服奶奶肯定能穿。豆豆看到了，心想原来一拃长也可以当尺子用啊。

回到家后，豆豆发现他可以用一脚长量沙发的长度，一脚接一脚地量，沙发一共有10脚长。

上学的路上,他发现可以用一步长量从家到学校的距离,一步一步地量,从家到学校一共有600步。

同学们听得非常入迷,这时,王老师问:"通过阅读绘本,你们发现我们身上都有哪儿可以当作尺子了吗?"学生纷纷举起了小手,分享着自己的发现。

【片段二】

王老师继续引发同学们思考:"身上的'尺子'能帮我们解决什么问题呢?有一天,豆豆在公园里看到了一棵大树,他特别好奇地问:'这棵大树有多粗呢?'怎样才能知道大树有多粗呢?你们有办法吗?"

一位学生站起来边用手臂演示边说:"可以用手臂,就这样一抱。"王老师顺势介绍了"一庹长",并播放了豆豆同学用一庹长测量大树的视频。

看完视频,一位学生举起了小手,眉头紧锁地问:"量完之后有两庹,还多出来一小段,多出来的这小段,怎么量呢?"另一位同学说:"我有办法,用一拃长接着量。"他边说边伸出了自己的小手。

王老师向这位同学投去了赞赏的目光并竖起了大拇指:"你可真有办法,觉得长的'尺子'不合适了,换短的'尺子'接着量。豆豆量完之后这段是4拃,那么这棵大树有2庹4拃那么粗。怎样才能知道这2庹4拃到底是多少厘米呢?"一位同学想到:"回家后,豆豆再量出一庹和一拃的长度,加在一起就知道了。"王老师顺势而导:"那你们想不想量一量自己的一庹和一拃的长度呢?"学生兴奋地说:"想!"为了解决"大树有多粗"的问题,同学们不断迸发出解决问题的方法,仿佛身临其境。

王老师并没有急着让学生去测量，而是先引导学生思考："先请大家静静地想一想，这一庹长怎样才能把它量准呢？"同学们陷入了思考。

师：有想法了吗？谁能到前面来演示演示一庹长怎么量呢？

一位学生上台演示。

师：看到他这样量，你们有什么想说的吗？

生：他自己量，两只手都没伸直，应该是从手指尖开始量。

师：那怎么办呢？

生：再找个同学帮忙。

一位学生上台帮忙测量，同学继续观察着。

生：我觉得一个人量也不行。

师：你遇到什么困难了？

生：我把这边对齐了，那边够不着了，还需要一个人。

这时三位同学一起测量一庹长，只见中间的同学把手臂伸得直直的，手的两端各站一位同学，这两位同学一人把 0 刻度对齐手指尖，另一人把尺子拉得直直的。

师：大家看，这回能量准了吗？

生：（齐）这回可以了！

实践之后，王老师不忘提醒同学们及时总结经验："通过刚才的演示，你们觉得一庹长怎样才能量准呢？要提醒大家注意些什么呢？"学生总结说："尺子要拉直，手臂也得伸直，0 刻度要对齐手指尖。"

在整个讨论的过程中，王老师并没有直接告知量准的测量方法，而是让学生不断地尝试和调整，在"试误"的过程中积累着测量的经验。

有了测量方法之后，同学们就四人一组开始测量了，课堂瞬间变成了实践的场所。有的同学负责测量，有的同学负责记录，还有的同学在监督同伴的测量方法，同学们合作得其乐融融。

【片段三】

同学们解决了"大树有多粗"的问题之后，王老师并没有止步于此，而是组织学生运用身上的"尺子"测量身边的物体，在运用的过程中进一步体会身上的"尺子"的价值。活动前，王老师依旧提醒学生先思考，再行动，说道:"小组同学一起先商量商量,量哪儿呢?怎样测量呢?如何分工呢?"

不一会儿,同学们商量完了,拿着皮尺、题纸和笔,大家就一组一组开始行动了,有的测量黑板的长度,有的测量大屏幕的长度,有的测量课桌、椅子的高度,还有一组同学一庹一庹地测量着教室的长度。同学们忙得不亦乐乎,测量得非常投入。

在测量之后,同学们开始了汇报交流。

生:我们测量的是黑板,测量的结果是 1 庹 5 拃。

师:那我们怎么知道这黑板到底有多长呢?

生:需要知道测量的同学的一庹和一拃的长度。

生:我的一庹长是 123 厘米,一拃长是 15 厘米。

师:现在你们计算起来还有点困难,今天我们先请计算器帮帮忙吧,结果是 198 厘米。

师:你们知道这黑板实际的长度吗?是 200 厘米。

生:哇,竟然就差 2 厘米,这身上的"尺子"还挺靠谱的嘛!

通过将身上的"尺子"的测量结果与实际长度进行对比,同学们充分感受到身上的"尺子"的实际应用价值。

王老师又请了两组同学来分享,之后抛出问题引发同学思考:"刚才在测量的时候,你们有时用一庹,有时用一拃,怎么选择用哪种身上的'尺子'来量呢?"一位同学说:"得看物体的长度,长一些的物体我们可以用一庹长,短一些的物体,我们可以用一拃长。"王老师肯定了这位同学的发言,说道:"你们积累下的这个经验,太重要了,我们要根据物体的长度选择合适的尺子。"

吴老师评析

我认为王洋老师在借助数学实践活动培养学生数学核心素养方面做了很好的尝试,收到了不错的教学效果。

1. 巧借绘本资源,激发学生的学习兴趣

乌申斯基曾说:"儿童通常是通过形状、颜色、声音、感觉来思考的。"

本节课，王老师巧妙地引入了数学绘本，让学生在阅读中认识身上的各种常用的尺子，例如一拃长、一庹长、一脚长和一步长。充分利用低年级学生喜欢听故事的心理，以简短的文字配上生动形象的图画，巧妙地吸引了学生的注意力，激发了学生对身上的"尺子"的浓厚兴趣。学生通过阅读绘本，不仅发现了身上都有哪些"尺子"，同时初步感受了身上的"尺子"在生活中的运用。

在课堂的最后，教师又把绘本引入课堂，让学生进一步体会身上的"尺子"在生活中的作用，并让学生续写绘本，进行延伸学习。本节课用绘本进行贯通，激发了学生的学习兴趣，调动了学生学习的积极性，同时拓展了学生学习的视野。

2. 问题导学课堂，提高学生提出问题、解决问题的能力

课标中强调：综合实践活动课要以"问题"为载体。那么问题从何而来呢？最好是从学生中来。上课伊始，王老师借助数学绘本，开门见山地出示了本节课的课题，鼓励学生大胆地提出自己想研究的问题。课上，同学们提出了很多好奇的、想研究的问题。其中一位学生问："身上没有0刻度，怎么会有'尺子'呢？"学生根据以往的经验，认为尺子应该有0刻度，而身上看不到0刻度，所以产生了困惑。多么真实的问题啊，可见学生在真思考。让学生看课题提问，有助于教师了解学生真实的困惑、找到学生学习的起点，同时培养学生自主发现问题、提出问题的意识和能力。

此外，"测量大树有多粗"的真实的问题情境，激发了学生研究的热情。"怎样才能知道大树有多粗呢？""怎样测量一庹和一拃有多长呢？""怎样能测量准呢？"一个又一个真实的问题不断将学生的思考引向深处，学生在不断交流碰撞、尝试调整的过程中提高了解决问题的能力。

3. 开展测量活动，帮助学生积累活动经验

"积累活动经验"是综合实践活动课的重要目标之一。数学的基本知识和基本技能只有通过一定的"数学活动"才能转变为学生的数学活动经验，内化为学生的数学素养。在课堂上，王老师共创设了两次实际测量的机会，第一次是学生用皮尺测量自己身上的"尺子"的长度，第二次是学生用身上

的"尺子"测量生活中物体的长度。

在第一次测量时,学生在之前学习厘米和米时已经学习了用直尺测量的方法,然而在将平时用的直尺换成皮尺之后,学生遇到了很多困难。学生在演示、讨论中,先后发现在测量时由于皮尺是软的所以要拉直,被测人的手臂要伸直,0刻度要对齐手指尖等,进一步巩固了测量方法,积累了准确测量的经验。

在第二次测量时,学生需要根据物体的长度和所在位置选择合适的身上的"尺子"。例如测量黑板和彩色小椅子的长度用"一庹长",测量课桌的长度需要用"一拃长"。此外,有的小组用"一拃长"测量完后,当剩下的部分不够一拃长时,竟然想到了用食指的宽度(大约1厘米)接着量,学生不断地在解决真实的问题中迸发出思维的火花,积累了用身上的"尺子"进行估测的经验,培养了学生的应用意识和创新意识。

此外,两次测量之前,王老师都有意识地组织学生"先思考,再行动"。第一次,组织学生思考了怎样才能将一庹长测量得更准。第二次,引导学生小组内要先思考量哪儿,怎么测量,如何分工。活动前的思考,对于综合实践活动课来说是非常必要的,尤其对于低年级的学生来说,不仅是一种解决问题的好习惯,也为接下来的小组实践活动奠定了重要的基础。

4. 小组合作学习,提升学生综合素养

任何一个学科教学都担负着服务学生全面发展的重要任务。史宁中教授曾说:在数学学习过程中让学生学会做人,学会做事,为学生成为社会需要的人做出我们的努力。

在和小组同学合作测量时,"选择哪个物体?""使用什么样的测量方法?""组内如何分工?"这些问题都需要同学们通过商量达成一致意见。当意见出现分歧时,需要有人退让;当测量遇到困难时,需要有人及时地帮帮忙……课上,随着一个又一个实际问题的解决,学生不仅对身上的"尺子"的感悟逐渐加深,同时积累了与人交往的经验。

总之,一节好的数学实践活动课,不仅有对数学本质的准确把握,实践活动的精心设计,教学方法的巧妙选择,还要给学生充足的亲身实践的时间和空间，让学生在活动中综合运用所学知识解决实际问题，提高解决问题的能力，积累数学活动经验，从而提高学生的数学素养。

团队成员感悟

吴老师站在培养儿童数学核心素养的视角，细致解读了教学环节背后的思考。在细致的阐述中，突出了吴老师对综合实践活动课的高站位的认识，对数学知识本质的深刻理解，对儿童的综合素养培养的关注，让我们再一次感悟到吴老师的儿童数学教育观。从吴老师的评课中我们体会到，综合实践活动课要凸显综合性、实践性和过程性，关注学生数学活动经验的积累，要创设真实的问题情境，要让学生亲历解决问题的过程。作为教师一定要站在儿童的视角设计学习活动，关注儿童的综合素养的培养，只有这样，"好吃又有营养"的数学课才能应运而生。

（本节课曾在全国小学数学教学改革观摩交流活动中获得一等奖）

第二辑　吴正宪与教师的对话式评课

与教师的现场对话式评课是吴正宪多年来坚持实施的一种特色评课方式。吴老师认为教师是重要的评课资源，只有读懂教师，与教师平等交流，才能使评课更具针对性和指导性，才能更好地通过评课促进教师的专业思考。

在这里我们收录了 10 篇吴老师与一线教师的对话式评课，一方面，我们可以从中了解这些教师在教学中曾产生过哪些困惑，在与吴老师的交流过程中如何找到解惑的方法，由此我们不仅能够看到一节好课是怎样炼成的，同时还可以看到教师的成长；另一方面，从吴老师的独到见解中我们可以品读她是怎样读教材、读学生、读课堂的。吴老师的评课使我们从另一个角度走进她的教学世界，感受她的教学理念、教学思想、教学方法。

14. 让分数变得灵动起来
——与张永老师对话《分数的意义》

《分数的意义》是一节传统的概念教学课，主要目标就是引导学生借助直观建立单位"1"的概念，进而理解分数的意义。北京市密云区太师屯镇中心小学张永老师上完《分数的意义》一课后，滔滔不绝地说出了自己的困惑：

困惑之一：《分数的意义》就是一节"干巴"的数学课吗？虽然课堂上我创设了大量的学生操作活动，整节课学生参与度也比较高，但为什么一节课下来不论是老师还是学生仍觉得"分数的意义"有些抽象，有些枯燥？对于本节课的学习，学生的兴奋度不是很高。

困惑之二：为什么带引号的1学生理解起来这样难？课堂上举例说单位"1"的时候，近到老师和同学的人数，远到地球赤道的长度、宇宙的大小，学生都能侃侃而谈，我当时听了也是颇为得意。但课后访谈问学生"半个苹果能看成单位'1'吗"，学生的声音不像原来那么坚定了，有人开始疑惑了。建立单位"1"的概念到底难在哪儿呢？

困惑之三：难道分数单位就那样说说，学生就明白了吗？众所周知，分数单位对于学生学习分数意义来说非常重要。在教学分数意义的时候，我也和大多数老师一样追问学生："5个$\frac{1}{6}$是多少？$\frac{5}{6}$里面有几个$\frac{1}{6}$？"学生面对这样的问题对答如流，可是真的利用分数单位解决问题的时候却是支支吾吾，分数单位到底应该怎么教？

下面是我与张永老师就本课的对话。

吴老师：单位"1"概念的建立，是学生深刻理解分数意义的关键所在。综观整节课的教学，从上课伊始的引入到上课的主体及练习，老师都在帮助学生建立单位"1"这个核心概念，可见你在用心思考问题。我们可以再次回顾一下这节课的一些教学活动。

第一个环节：老师帮助学生回顾以往学习过的旧知识，借助平均分蛋糕、分正方形纸片等相关活动，让学生明确平均分一个物体、一个图形、一个计量单位等就可以得到分数。

第二个环节：教师借助12枚围棋子，引导学生进行平均分，从而得到分数。教师不断地进行棋子数量的变化，使学生明确单位"1"的概念，并且开始引导学生不断地扩展单位"1"的外延。

面对这样一种教学设计，我们可以思考这样一个问题："在这节课中，单位'1'的概念是教师告诉学生的还是学生自己感悟到的？"这里有一个教学片段，我们可以模拟一下，以便我们进行思考。

老师演示往巧克力罐中先放入2颗巧克力，然后再放入3颗。

师：同学们，能把你们看到的现象用一个数学算式表示出来吗？

生：2+3=5。

师：除了这样表达，还可能有别的表示方法吗？

生：2+3="1"。

师：2+3怎么能得到"1"呢？这个"1"和你们刚才得到的那个"5"有什么关系吗？

师：这里的"2"和你们所得到的"1"又有什么关系呢？"3"和"1"又有什么关系呢？

张老师：参与了您的课堂模拟，我顿悟了许多。在《分数的意义》这节课上，虽然我对于单位"1"重施笔墨，但是这种设计更多的都是教师强加给学生的，不管你承认不承认这是单位"1"，教师都已经告诉你了，4个正方形、12枚围棋子就是单位"1"，这种单位"1"是教师人造的单位"1"，学生只是在模仿老师所说的单位"1"进行举例，而忽略了单位"1"的本质。

您所举的例子中，教师借助实物，让学生寻找"2"和单位"1"的关系，寻找"3"和单位"1"的关系，此时，这个巧克力罐成了一个神奇的可大可小的魔盒。单位"1"是一个整体，这个整体是在学生寻找关系的过程中出现的，是部分和整体共同呈现的，凸显了分数是一种表示部分与整体关系的数。

从人造的单位"1"走向自然的"1"，是教师的"教"走向学生的"悟"的过程。在《分数的意义》的教学中，这种让学生"悟"的过程，也更加有利于学生对于单位"1"概念的理解。

吴老师：一位好的数学教师应该是一位读懂教材、读懂学生、读懂课堂的老师。他除了要明确每一节课的核心目标外，还要明确每个单元的核心目标，要了解学生的知识储备情况以及学习的经验，这样才能让课堂充满生机与活力。你的这节课目标定位准确，同时，你也是一位读懂学生的老师；你不仅会和学生交流，而且更重要的是你了解学生，会用数学本身的特有魅力吸引学生。

在课堂中，为了让学生充分理解分数的意义，你设计了这样一个练习：你能用生活中的事说说 $\frac{1}{3}$ 或 $\frac{2}{5}$ 的意思吗？

在以往的教学中，老师经常会为学生提供一段数学信息，信息中有一两个分数，然后让学生说说这些分数的意思。然而你却让学生来给分数赋予生活中的意义。此时，学生的学习材料看似只是两个分数，但是学生对分数的深刻理解为这两个分数穿上了美丽的外衣，让 $\frac{1}{3}$、$\frac{2}{5}$ 这两个分数变得灵动起来，孩子们在用自己的故事讲数学。我们不妨一起分享一下当时课堂上学生讲的故事。

生：我们7个小伙伴一起去玩捉迷藏，1个人找，6个人藏，找到了 $\frac{1}{3}$。

师：7个人玩，这里边的 $\frac{1}{3}$ 是怎么回事？哪儿来的？

生：老师，我明白，他们找到了2个人，就是找到了 $\frac{1}{3}$。把6个人平均分成 3 份，两个人就是 $\frac{1}{3}$。

生：2 个人是 6 个人的 $\frac{1}{3}$，是 7 个人的 $\frac{2}{7}$。

……

多么生动有趣的捉迷藏，学生在讲的过程中把分数诠释得非常充分、深刻。除了捉迷藏，还有分西瓜、编小辫儿……你说："孩子们，你们讲的事情不同，数量不同，怎么都能用上 $\frac{1}{3}$ 或 $\frac{2}{5}$ 呢？"这再一次帮助学生深刻地理解了数学概念。

我常想，学生喜欢什么样的数学？喜欢什么样的数学课堂？学生把自己的生活带进了理性的数学课堂，用自己的故事讲分数，和数学进行对话，这不就是儿童喜欢的数学吗？用儿童的语言讲数学，讲儿童明白的数学，你的数学课让那一个个枯燥的分数说了话，并且还动听地讲了故事，这不就是"营养又好吃的数学"吗？

张老师："让分数张开嘴巴讲故事"是一件多么有意思的事情！我喜欢您这样的表达方式，也越来越明白，为什么您的课堂总是充满教育激情，总是深受学生喜欢——您不把数学看成抽象、枯燥的知识，而是看成一个个鲜活的生命体。我为自己的设计能得到您的肯定感到惊喜，也为收获数学知识的魅力感到兴奋，我会继续努力，让数学知识张开嘴巴讲出学生爱听的故事。

吴老师：优秀的数学教师一定是一个会反思的数学教师。你对分数的单位的质疑，我特别同意。什么是分数？分数是把单位"1"平均分成若干份，表示这样一份或几份的数。表示这样一份的数就是分数单位。在我们的教学中，往往通过一些类似的提问或者填空来进行训练。从学生反馈来看确实效果不错，但是，学生真的理解分数单位的内涵了吗？

分数的意义中用"表示这样的一份"这句话来凸显分数单位，学生们在理解时往往有这样的疑问，即为什么一定要在表述分数意义的描述过程中加上"表示这样的一份"这样一句呢？应该说，理解分数单位对分数意义而言有着独特的价值，这种价值的体验不是简单的提问和填空就能解决的，需要一个不断感悟的过程。

我们可以看这样一道练习，教师出示一个长方形，告诉学生："这是一个长方形，可我却偏偏告诉你这就是一个分数，你能帮我想想'1'是一个什么样的图形吗？"

这样的问题对学生来说是比较容易的，借助长方形的直观，学生能够很快画出长方形。教师可以在这个基础上再次提问："这个长方形如果表示的是 $\frac{2}{5}$，那么'1'是什么样子呢？"

这就好像帮分数找个"妈妈"，要求学生先理解分数单位再运用分数单位，由 $\frac{2}{5}$ 想到 $\frac{1}{5}$，由 $\frac{1}{5}$ 想到"1"。通过这样的思维过程，学生不断深入理解分数的意义，不断深化分数单位的作用。

张老师：给分数找"妈妈"，您比喻得太形象了。分数的意义是一个难点，而分数单位就建立在对意义的理解上。通过具体情境，通过数形结合，学生在给分数找"妈妈"的过程中充分运用了分数单位的相关知识，加深了对分数意义的理解。

团队成员感悟

听了吴老师对《分数的意义》教学的诠释，忽然觉得分数教学不再那么抽象和枯燥，而变得丰富和灵动了。吴老师站在数学学科本质的高度，对本节课进行了评析，提出要抓住核心概念进行教学，才能让学生的数学学习更加扎实有效。从1个到1份，从人造"1"到自然"1"，让学生深刻理解分数的意义，通过对分数单位的理解沟通整数、小数、分数之间的关系，深化对计数单位这一核心概念的理解，体会数概念本质的一致性。

（本课曾获北京市第九届课堂教学评优一等奖）

15. 方程就是讲故事

—— 与陈千举老师对话《方程的意义》

《义务教育数学课程标准（2022年版）》把方程调整到第四学段。在用字母表示的教学中，不仅要让学生在具体情境中用字母或含有字母的式子表示数量之间的关系、性质和规律，感悟用字母表示具有一般性，而且也要让学生能运用数和字母表达数量关系，通过运算或推理解决问题，形成与发展符号意识、推理意识和初步的应用意识。我们选用了《方程的意义》这节课，我和陈千举老师共同研究了这个过程，我们思考、收获良多，希望能给老师们一些启示。

吴老师：你是怎么认识方程的？

陈老师：我查看了小学数学教科书，大多数的定义为"含有未知数的等式叫做方程"，如果教学目标是让学生记住这句话，那应该不是一件难事。在以往的教学中，学生通过不等式和等式的对比，等式中不含未知数和含未知数的对比，能很顺利地辨别出方程的样子。但是，能辨认方程就是理解方程了吗？通过前测，我们发现，学生往往片面地认为含有字母的等式才是方程，难道未知数等同于字母吗？"核桃质量+20=50""20+□=100"就不是方程吗？我认为，式子中的"文字""符号"都是学生在接受用字母表示数之前很重要的认知环节，学生为什么在学习方程时更多地偏向于用字母呢？这说明学生的认知已经达到更高的抽象层面了吗？

我认为，从学生不接受等式中的文字和图形符号可以推断学生对用字母表示数的理解还比较片面，对代数思想没有达到深刻理解的地步。既然学生对等式中的字母感受得还不够，那么他们在一些情境中寻求等量关系列方程时显得困难就相对必然了。为使学生更好地接受方程，我想在教学中设计一些环节，引导学生在寻找等量关系、表达等量关系时，再次经历用文字、图形符号来参与等式的过程。这样也许会起到过渡和服务的作用，能让学生对字母的感受更丰富，对方程的认识更全面。

吴老师：帮助学生从算术思维向代数思维过渡是一个重要的数学建模过程。你怎么理解方程思想？怎么引导学生完成好这个过程？

陈老师：通过查阅资料和个人思考，我把方程的思想理解为：为寻求未知量，先找到未知量和已知量之间的联系，再使未知量和已知量形成等量关系，进行相关运算，之后解答出未知量。

至此，我认为这节课在方程思想方面有两个问题需要关注：一是我们都熟知的如何使学生学会寻找等量关系，二是学生怎样才能在寻找等量关系时较为轻松地把未知量等同于已知量来看。其实，这两个问题有着密切的关系，而且都与学生长期的算术思想有关，这种算术思想给刚刚与学生见面的方程（代数思想）带来了不小的负面影响。

仔细研读教材，发现教材处理得很好。比如学生的算术思想根深蒂固，他们很容易求未知数，在这种情况下，如果我们的情境再像以前那样，最终以求未知量的问题结束，恐怕学生很难摆脱求解的欲望。但教材在刚呈现方程部分时，情境都只是对事件的表述，这样学生求解未知量的意识就会淡一些，就会为未知量参与等同于已知量的运算提供有利条件。

吴老师：千举，你的思考很有价值，我同意你的看法。那么你准备通过什么样的教学方式和手段实现教学设想呢？我建议你继续思考三点：第一，能不能在教具和学具上做些文章，做一个让学生可以动手操作的天平模型？第二，在学习概念时，分类思想很重要，你准备怎么安排这个环节？第三，能不能让学生结合方程讲故事？其实方程就是在叙述着两个相等量的故事，你不妨尝试一下。

陈老师：我认真思考了您的建议。为更好地把这些想法与学生的想法接轨，我再次做了前测，而且进行了试讲。

(1) 天平到底和方程有什么关系？

为什么多个版本的教材都用天平作为认识方程的引入素材呢？因为天平更容易从直观上让人认识到左右两边的大小关系，从方程的角度看，更有利于直接表达出左右相等的关系。在生活中存在着各种等量关系，而这种关系对于方程格外重要。但是，长期的算术思想深深地影响着学生的思维方式，一般的情境很容易使学生像解题一样把注意力放到未知量上，这样很难引出带有代数思想的方程。如何才能淡化学生对未知量的过度关注呢？天平真的有很明显的优势，天平能让相等的两个量明确地显现在眼前。

(2) 怎样帮助学生建立好方程模型？

从事件中寻找等量关系，列出方程，可以说是一种建立数学模型的过程。如何让学生更好地经历这个建模的过程，更轻松地接受这个模型，我想仅仅让学生经历从事件中提取还不足以让学生充分接受。我们经常说数学源自生活，又回归于生活。这就告诉我们，建立数学模型应该是提取加还原的过程，所以，在教学的前期我们可以搜集较为丰富的生活事件，引导学生不断地经历提取等量关系、列方程的过程，但在后期应让学生面对方程这个已有的模型，赋予它更多现实含义。当学生能够把模型与生活建立联系时，他们才真的开始接受这个模型了。

就这样，我完成了初次教学设计。

环节一　建立方程概念

1. 利用天平（教具），感悟等号可以表示一组相等的关系。

(1) 出示天平学具。

师：认识它吗？（学生回答）

(2) 天平左边放一个20克和一个30克的砝码，右边放50克的砝码。

师：现在天平是什么状态？为什么？（平衡，因为20+30＝50）

师：左边和右边相等，在我们数学中可以用什么表示？（等号，板书等式）

(3) 从左边拿走一个30克的砝码。

师：这种左右不相等的情况，在数学中可以怎么表示？（20<50）

(4) 在天平左边加放一个核桃。

师：如果左边再放上一个核桃，此时天平可能会怎样？

（①左边下沉，核桃+20>50；②右边仍然低于左边，核桃+20<50；③天平平衡，核桃+20=50。）

师：正像我们刚刚发现的，当左右两边不相等时，我可以用"<"或">"来连接，它们被称为"不等式"；当两组量用"="连接时，说明左右两边相等。

[意图：利用学具，使学生感受"="表示相等关系的作用，为后续列方程做相应铺垫。]

2.寻找等量关系，列等式，认识方程。

（1）出示课件：

 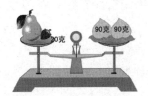

师：你能用等式表示左右相等的关系吗？（180+120=300，梨+20=90+90）

（2）出示课件：

图1　　　　　　　　图2

师：想一想，从图中你能找到相等的关系吗？

图1：4×每块月饼质量=380，文字太多，可以简化为4×○=380。

图2：引导学生找到等量关系"两个热水瓶盛水量+200=2000"，如果用字母 x 表示未知数，列出 $2x+200=2000$。

[意图：允许学生用多种方式表示未知数，让学生更充分地理解方程定

义，扩充对未知数的认识。]

（3）比较板书，加以分类（20+30＝50，20<50，核桃+20<50，核桃+20＝50，核桃+20>50，180+120＝300，梨+20＝90+90，4×□＝380，2x+200＝2000），揭示方程定义。

不等式	等式	方程
20<50　核桃+20<50	20+30＝50	核桃+20＝50
核桃+20>50	180+120＝300	梨+20＝90+90
		4×□＝380
		2x+200＝2000

[意图：通过分类，使学生在观察中更加关注概念间的联系和特点，使方程概念的建立更加充分。当学生认可对方程定义的理解时，教师可以说明，因字母简洁便于使用，通常在列方程时使用字母。]

（4）辨析。

判断下列式子，哪些是方程，哪些不是？为什么？

a+9　　　10+6＝16　　　20+□＝100

2y＝40　　m+12>30　　80−z＝20×2

环节二　让方程回归生活，进一步理解方程的意义

1. 出示：

　　20+□＝100

　　2y＝40

　　80−z＝20×2

师：这些方程能表示生活中的哪些事情？

2. 抽取：

　　20+□＝100

　　20+x＝100

教师结合方程讲个生活中的故事。

[意图：把抽象的方程与生活情境建立联系，让学生换个思路理解方程，为方程增添些许生命力，从而加深和丰富学生对方程意义的理解。]

3. 在身边找方程。

教师请一名学生和自己站在一起，问："我们两个在这儿一站，有方程吗？"

（1）指名让学生为站在一起的老师和学生构造方程，教师在一旁有目的地追问相应的等量关系。

（2）同学身高 x 厘米，老师身高 180 厘米，我们两个相差 32 厘米。

师：你能列出哪些方程？（$x+32=180$，$180-x=32$，$180-32=x$。）

［意图：教师创设了看似寻常不过的情境，让学生在寻找方程的过程中，不仅再一次加深了对方程意义的理解，更重要的是让学生感受到方程就在我们的身边，生活中处处有方程。］

环节三　回顾全课，总结提升

师：想一想，我们这节课是怎样认识方程的？（教师带领学生回顾重点学习过程）通过今天的学习，你有哪些新的收获和问题？

［意图："回头看"让我们和学生共同驻足反思。只有反思，才能使经历上升为经验。经历只是一种曾经的拥有，而经验则是我们每个人沉淀给自身的宝贵智慧和本领。］

吴老师：千举，你的教具做得很好，学生们很喜欢，而且对建立相等与不等的关系的模型起到了重要的作用。另外，讲故事环节不错，在讲故事的过程中帮助学生建立了方程模型与外部世界的联系，丰富了对方程的认识。此外，我也有一些小建议：天平教具做得很好，能不能用得再充分些？学生讲方程故事如果太单调，可以尝试教师和学生一起讲。

陈老师：既然天平能帮助学生更轻松地寻找相关等量关系，为什么不使天平的效应更大化呢？有形的天平作为我们认识方程的引入，能让学生感受到"等号"可以表示左右相等的关系。当学生意识到天平如何表达相等关系后，我们在其他情境中何不引导学生联系情境构造隐形的天平呢？当学生有意在各种情境中构造天平时，学生受算术方法的影响会不会随之减少呢？这样是否有利于学生更快地接受具有代数意义的方程呢？我尝试调整了看图列方程的问话。

图1：你能像"天平"那样观察图中谁和谁相等吗？

图2：用相等的式子表示这幅图中蕴含的"天平"。

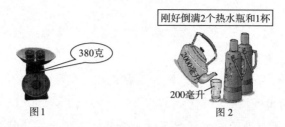

图1　　图2

小小的调整，带来了学生算术意识的弱化，绝大多数学生轻松地列出了符合代数思想的方程。此时，我真的越发对这个"天平"刮目相看了。

团队成员感悟

"方程就是讲故事"。对于方程这一学生不太熟悉的内容，学生被动地经历着从生活到数学的过程，而吴老师巧妙地带着学生从较为抽象、陌生的数学回归他们的生活，设计学生熟悉的生活情境，引导学生发现其中的等量关系，把抽象的数学概念与熟悉的生活情境相联系，让学生在自己熟悉的事情中寻找相关数学，这是学生喜欢的，更是易于学生理解的，促进学生数学化的学习过程，有助于培养学生的模型意识。这堂课让我们重新思考传统教学手段的价值，反思适合学生的数学教学。它告诉我们，教学设计的巧妙和精彩在很大程度上取决于读懂学生。

16. 让学生走上前台
——与武维民老师对话《估数》

《估数》一课是北京市义务教育课程改革实验教材第四册的内容，这是北京版教材第一次以例题形式出现的有关估计的教学。

北京市房山区教师进修学校的武维民老师为大家上了精彩的一课，课后武老师还进行了说课。

根据对教材的分析，这节课的定位一是让学生体会估数的价值，感受估数在生活中的广泛应用，激发学生估数的兴趣，为今后估算的学习奠定基础；二是让学生探究估数的一般方法，使学生能根据不同情况灵活地进行估数，体会估数策略的多样性，提高解决问题的能力；三是强化学生对大数的感知，培养学生的数感。为达到这样的教学效果，我力求做到以下几点。

• 上有情感的课。为学生创设一个宽松的氛围，使师生情感交融，激发学生估数的兴趣。在情境创设与练习的设计中融入情感，例如在开始入课时先让学生猜幸运星的颗数，既激发了学生的兴趣，同时又为学生下面的估数做好了铺垫。

• 上有过程的课。本节课围绕着"为什么估—怎么估—估什么"来展开教学，重点通过小组合作估珠子的颗数，探索出估数的方法：找标准—做比较—估出总数，使学生经历估数的过程。例如，在练习时，我设计了"小动物找家"的游戏，不仅调动了学生估数的兴趣，还使学生感受到在众多标准中要选择合适的标准进行估数，渗透择优的思想。

• 上有价值的课。在练习中创设小明要讲 10 分钟的故事，她要准备大约多少字的情境，使同学们开动脑筋想办法，先估计一分钟读多少字，再看看10分钟可以讲多少字，使学生感受到估数就在自己身边。课的最后通过野生动物的知识，激发学生对继续探索估数知识的欲望，感受估数在生活中的价值。教学设计体现对学生思维价值的培养，力求让学生多角度地思考，多渠道地解决问题，激活学生的思维。

在听完武维民老师的《估数》一课后，我很有感触。现在把我们之间的课后对话评课呈现给大家，希望能引起大家的思考。

武老师：我在教学这节课之前，为了了解学生已有的知识基础，让学生尝试着做了课后的练习，结果发现，出错的同学问题主要出在估计第三瓶时找不到合适的标准。所以在教

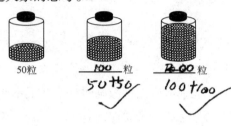

学时我把使学生灵活地找到合适的估数方法和确立合适的标准作为本节课的重点。教学设计围绕着为什么估、怎么估开展。

还记得我在试讲的时候，是利用课件演示找标准的过程，学生看着课件演示，回答老师的问题，积极性并不高，没有达到预期的效果。课后您反问我：课件展示的内容能不能让学生动手做？能不能让学生亲自体验？能不能换成学具，使学生更直观地感受？能不能让学生自己动手体验找标准的过程呢？听了您的话后，我经过思考丢掉了课件，设计了学生分珠子的活动，果然效果很好，学生参与的积极性高，而且深刻体验到了找标准的方法。

吴老师：是啊，后来你一上课就拿来了一瓶彩色小珠子，请同学们估计大约有多少颗。有的说500颗，有的说100颗，有的说60颗……这时你又拿出一瓶珠子，告诉同学们这是100颗，让他们说说第一瓶大约有多少颗。几个同学站起来都说"200颗"，这时你追问："为什么第二次你们都说是200颗，与你们第一次说的颗数差距那么大呢？"你这一追问使学生初步体会到找标准的重要性。

接着是分组估数的活动，动手估一估平安星大约有多少颗。老师给学生提供了200颗平安星、小盒、线绳、直尺等学具。学生们在热烈的小组讨论中开始动手估计了，有的小组以"一瓶盖"为标准，有的小组以"一把"

为标准,有的小组把平安星分成大约相同的几堆来估,还有的小组先用尺子量出 1 厘米的高度,数数大约有多少颗,再看瓶子中一共有几个 1 厘米那么多,然后估出总数……由于为学生提供了宽松的学习氛围以及动手操作的时间和空间,孩子们学得十分投入,一次次精彩的生成把课堂带向了高潮。这样的设计很有智慧,为学生搭建了一个自主探索、合作交流的空间,让学生自己动手体验如何找标准,找到标准后如何进行估数。学生在亲自动手体验中,不知不觉地明白了找标准的重要性。

武老师:我也记得您说的情景。我还记得最初设计的第二个活动是让学生根据课件演示的已知线段的长度,估计其他线段大约代表的数据。这个设计把已知线段的长度作为标准,目的是让学生根据已知标准进行估计。

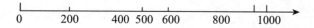

在试讲的时候学生对此比较感兴趣,积极性比较高,我也很得意于自己的这个设计。我还记得当时您给我提出的建议:"这个设计不错,但你能让学生动起来吗?如果让学生投入其中,是不是更好呢?比如说,在黑板上贴上纸条,让学生自己确定标准再来估计怎么样?"正是由于您的点拨,我设计了"小动物找家"的活动,让学生走上了前台,效果真的特别好。

吴老师:"小动物找家"的设计很有创意:沿黑板的底部粘贴红纸条,学生根据老师提出的条件,运用多种方法到前面指出小动物家的大概位置。在黑板上用一条红线来代替线段,其中一段是 200 米,在故事情境中让学生自己想办法分别找出 200、400、500、600、950 米的长度。由于为学生创设了自主的空间,学生找标准的方法多种多样,有的用书量,有的用直尺量,有的用黑板擦量,有的用手量……孩子创新的火花一下子就被点亮了,对如何找标准、创造标准也更加明确了。

由于给了孩子活动的空间,让学生走向了前台,学生真正成为了学习的主人。在活动中,学生不仅找到了估数的方法,积累了数学学习的经验,而且感受到学习数学的乐趣。活动对学生情感态度的培养也起到了潜移默化的作用。

武老师:通过您的指导,我在思考,教师一定要勇敢地退到后面,让学生走上讲台展示自己,讲台不仅仅属于教师,也应该属于学生。所以,我在设计第三个活动时，将老师引导改为学生自主探索，让学生在纸上圈圈画画估计方格纸的字数，激发学生的思考和兴趣。

团队成员感悟

听了吴老师和武老师的对话，我们真切地感受到了让学生走向前台的重要性，这是把数学冰冷的美丽和火热的思考有机结合的一个重要途径。

教师要舍得放手，让学生自己在动手动脑中学习数学，感受数学的魅力，这样的学习才是主动的、充满乐趣的。如果我们紧紧地把学生自主学习的权利攥在手中，那我们丢掉的将不仅仅是孩子对数学的喜爱，可能还有孩子健康全面的发展。

教师要舍得退到后面，让学生真正成为学习的主人，让学生快快乐乐地学数学，让学生学好玩的数学。作为老师，我们要有一颗简单的如孩童般纯净的内心，使我们的心与孩子的心相通，这样我们才能读懂学生的需求，才能给予学生所需要的尊重，才能点燃学生内心的希望……

让学生走向前台，把主动权真正交给学生，这也许是对教师的真正的挑战。

（本节课参与了北京市百节名师风采课的录制，并在中国教育电视台播放）

17. 关注学生思维过程，启迪学生智慧

——与赵东老师对话《用字母表示数》

2004年10月，我走进北京昌平崔村中心小学，走进赵东老师的课堂。他执教了《用字母表示数》一课，他的课堂给我留下了深刻的印象，当时我对他的评价是：这个老师善于关注学生是如何思考的。

课上他带领学生探究"魔盒的秘密"，发现"输入的数"与"输出的数"之间不变的关系，引导学生探讨如何用字母表示数。课堂中展现了他对学生的理解，对教学内容的准确把握。课后，年轻的赵东迫不及待地跟我谈起了他上这节课的欣喜与困惑。

欣喜一：魔盒很神秘，学生真喜欢！ 一上课，我就跟学生玩"魔术"，学生高兴得不得了，由于难度不大，他们又专注，"魔盒"变三次学生准能发现规律，整节课学生的参与度都非常高。吴老师，我就喜欢看到课堂上学生兴奋的表情。

欣喜二：学生很会想，表达真清楚！ 讨论用字母和字母式表达"魔盒的秘密"时，学生的争论很激烈，他们能准确地举出反例进行证明，不但反驳了不恰当的表达方法，而且能迅速提出修改意见。我觉得只要学生的思考能跟老师的问题合拍，他们的潜力真的很大。

困惑： 这节课还有不少内容没来得及讲。以前学的运算定律和许多计算公式都可以用字母进行概括，这节课没提到；字母与数字相乘时的简写规则很重要又容易错，比如$2a$与a的区别，这节课也没讲。

下面是我与赵东老师就本节课展开的对话。

吴老师：你的想法很朴素，我们不妨把它归纳成三个方面的问题进行探讨：创设问题情境的价值是什么？怎样突出学生的主体地位？一堂课教学目标的定位是什么？

让我们先回顾课堂伊始你为学生创设的"魔盒"情境。

【片段一】

1. 引入。

同学们喜欢看魔术表演吗？今天老师给大家带来了一个神奇的魔盒，我们就利用这个魔盒变一个魔术，看谁能最先发现魔盒的秘密。魔术怎么变呢？我们从左侧往魔盒里输入一个数，经过魔盒加工，从它右侧就能输出另一个数。（板书：输入、输出）为了便于观察和思考，咱们一边变魔术一边做记录。（请一位学生在黑板上帮老师记录）

2. 变魔术找规律。

（1）老师先变一次，输入2，输出12。

（2）请学生说一个两位数。（生：输入23）魔盒输出33。

（3）再变一次，请学生再说一个数。

生：输入58。

师：请你猜猜输出的数会是多少，悄悄地把它写在记录单上。

3. 揭示规律。

（1）反馈。

师：谁猜对了？（绝大多数学生举手）每次输入的数和输出的数都不一样，你怎么就猜到这次会输出68？

生：因为我发现每次输入的数和输出的数相差都是10。

生：我先看第一组，输出的12比输入的2大10，它们相差10；再看第二组，输出的33与输入的23也相差10。所以这次输出的数也应该比58大10。

（2）验证。

师：咱们发现的规律对吗？

生：可以再输入几个验证一下。（再用魔盒变2次）

（3）确认规律。

师：你们确实找到了魔盒的秘密！利用输出的数总比输入的数大10的关系，只要知道输入的数，我们就一定能知道和它相对应的输出的数，对吗？比如老师输入一个4.5，就应该输出多少呢？（教师不再变魔术了，直接板书。）

师：魔术就这样变下去，永远变不完，这样一组组具体的数字永远写不完。

（4）探讨表达。

师：输入的数在不断地变化，和它相对应的输出的数也在不断地变化，但是这个过程是瞎变的吗？什么永远不变？

生：相差10的关系永远不变。

师：这样具体的数字永远也写不完，我们能不能用一种简明概括的方法把所有输入的数都表示出来，同时表示出和它相对应的输出的数？如果你有想法了，请写在纸上。

"魔盒"对于学生来说无疑具有吸引力，学生对探究魔盒的秘密充满了向往。你利用这个数学魔盒让学生在游戏中不知不觉地产生了疑问："魔盒对'输入的数'进行了怎样的加工而变成了'输出的数'？""怎样才能够简明概括地表示出'输入的数'与'输出的数'，让没有看过这个魔术的人一下子就能知道魔盒的秘密？"有的问题虽然是教师提出来的，但它来自学生的需求。情境中的一个个问题总能让学生产生认知的"不平衡"，引起他们思维的冲突，这样学生的好奇心、求知欲就被老师大大地激发了，探究这样的问题成为学生的需要，这就是我们常说的"认知冲突引发学习动机"。学生探究、验证"魔盒"秘密的过程，其实就是在不断变化的两种数中抓住永远不变的规律的过程，他们在探究如何用含有字母的式子表示两个数量之间的关系，这是他们自主构建知识的过程。

毫无疑问，创设这样的情境对学生来说是新鲜生动的，最后提出的问题是富有挑战性的，更可贵的是它符合学生的年龄特点、知识水平和生活经验。最关键的是情境的创设与知识的重难点紧密关联，能够有效地揭示数学的本质。因此，这是一个好的数学情境。

赵老师：数学与生活联系紧密，儿童学习数学是对自己生活经验中数学现象的"解读"。"魔盒"变的魔术是一种虚拟的生活现象，表示"魔盒"的秘密正与学生以往的"在数学里字母能表示数"的经验紧密结合。教师所提出的问题应尽量从实际出发，概念也要注意从实际引入，在活动中揭示数学的本质，利用学生喜闻乐见的素材唤起他们原有的经验，这样学生学起来自然会觉得亲切、有趣、易懂。

吴老师：教师要尊重学生，确立学生的主体地位。我们给自己的定位应是数学活动的组织者、学生学习的引导者、参与研究的合作者。因此，教学过程应该是师生共同参与、互动交往的过程。你对学生的尊重就体现在不断地为学生创造探索的机会，提供充分交流的平台，鼓励学生表达自己的想法。

【片段二】

组织学生讨论哪种表示方法更简明、概括。分别出示学生表示的几种方法。

1."1000—1010"。

师：用了两个具体的数，分别表示"输入的数"和"输出的数"。

生：具体的数字概括不准确，别人看了会认为魔盒只能变这个数。

生：不符合您的要求，缺乏概括性。

2."所有的数—所有数加10"。

师：用文字表达的，你有什么看法？

生：能看出"魔盒"的秘密。不管输入什么数，加10就是输出的数。

生：写的字还是多，不够简洁。

3. "a—b"。

师：这种表示与前两种方法有明显的不同，他想到了用字母表示数！

生1：我认为 a 能代表所有输入的数，b 也能代表所有输出的数。

师：先看输入的数，用一个字母 a 表示，你知道他是怎么想的吗？

生1：字母 a 能表示任意一个数，每个字母都能表示任意一个数。

师：再看输出的数，用 b 表示，你是怎么想的？

生1：b 就表示与 a 不一样的那个输出的数呀。

生：这样表示有问题！a 和 b 相差多少是不一定的！

生1若有所思。

生：如果 a 表示1，b 可以表示任意一个数，如350，这样的话，输入的数和输出的数就不是相差10了。

生1：对！

师：他说得对吗？

生1：对，比如 a 表示2，我想让 b 表示12，但 b 也可以表示102。应该改成 $a+10$。

师：有道理！看来用 a 表示输入的数，用 b 表示输出的数，不能看出它们之间相差10的关系。

4. "a—a+10"。

师：a 表示什么？

生：输入的数。

师：加的10是什么？

生：相差10。

师：$a+10$ 表示什么？

生：输出的数。

师：当 a 表示输入的数时，$a+10$ 不但能表示输出的数，而且能表示输入的数与输出的数之间的关系。

吴老师：对学生来说，理解"一个字母能表示任意一个数"并不困难，但学会用字母式表示数量关系，懂得含有字母的式子同时也可以表示一个数就有些困难了。在主要的知识构建环节中，你采取了分层深化的方法达成目标。在"魔盒"情境中，学生经历了"观察现象、发现规律—总结规律、再次验证—发现问题、尝试概括—讨论辨析、形成结论"的过程。在整个过程中，你一直在鼓励和指导学生探索、发现、交流，进行思维碰撞。尤其在展示学生概括的"输入的数"和"输出的数"时，你把不同认识层面的学生的表达方法当作生成的课堂资源加以充分利用，对于各种不完善甚至不正确的方法重点分析，突出比较的作用。从具体的数字到文字表达，从字母"a 和 b"到正确的"a 和 $a+10$"，你总是用富有启发性的语言引导学生进行比较、说理。此时，老师成为了一个活动的组织者、引导者，把学习的主动权还给了学生，让学生在对话交流中探究新知。

在数学教学中，教师应该结合学生已有的学习经验和实际的认知水平，努力使学生经历学习过程。让学生在探索、互动、交流中迸发智慧的火花，加深对知识的理解，不断地积累数学活动经验，这样学生才能有效地重建自己的数学认知结构。

赵老师：在辨析的过程中，学生越来越清楚地认识到字母表示数的优越性，越来越深刻地体会到字母式是如何表示数量关系同时也表示一个数的。这样，学生在经历、体会、感悟中理解了知识的来龙去脉，在讨论、比较、辩驳中主动获取知识，与人交流合作的意识与能力得到培养。常听您说"读懂学生，尊重学生"，教师对学生的尊重不在于教会学生知识，而在于教会学生"会学"知识。

吴老师：《用字母表示数》的教学重点是使学生理解字母能表示数，含有字母的式子既可以表示数，又可以反映数量关系。因此，这是从特殊到一般、从具体到抽象、从简单的数量到研究数量关系变化的教学，实质上蕴含的是函数思想。两种相关联的量，一种量随着另一种的变化而发生变化，在教学中要善于引导学生发现背后不变的量，从而根据这种依赖关系进行数学抽象概括。对函数思想的渗透贯穿在学生的整个数学学习历程中，从小学到中学再到大学，对函数思想的认识是不断深化的。小学数学教材中没有出现"函数"这一概念，但在整个小学的数学学习中很多地方都渗透着函数思想。

你利用"魔盒"带领学生变数字魔术，通过发现"输入的数"与"输出的数"之间不变的"相差10"的关系，让学生体会到用字母表示数实际上是在表示数量关系和变化规律，从而使学生经历由具体到抽象概括的思维过程，体会抽象的数学思想方法，这一过程有效地渗透了函数思想。本节课让学生经历、体验用字母表示数的过程，"创造"用字母表示数的方法，感悟函数思想的本质，从而舍弃"字母与数字相乘的简写"，这样的教学安排还是值得的。所以，一节课教学目标的定位、教学环节的取舍、各个环节的时间分配都取决于课堂教学的实际情况。

赵老师：随着课改的不断深入，教师们越来越深刻地认识到，对教学的评价应考量学生在活动中是否得到多元的发展。我们不但要注重学生基础知识与基本技能的发展，还应重视学生基本数学活动经验和数学思想方法的获得。听了您的分析，我的困惑得以解决：整体把握教材，合理分配课时教学内容。本节新授课带领学生经历了字母表示数的过程，明确了方法，渗透了函数思想，接着要安排好后继的练习课，让学生每节课的学习层层跟进，各有侧重。

◎ 团队成员感悟

吴老师结合《用字母表示数》一课，从教学情境的使用、学生主体地位的发挥和教学目标的定位三个方面与赵老师进行了对话。教学是技术，更是艺术。教师要在准确把握教学内容的基础上学会引导学生用数学的眼光去观察问题，让学生主动提出问题，利用工具、已有的知识和经验以及资源解决问题。在教学中我们必须重视交流，善于捕捉学生在交流中产生的新问题，引发学生思维的碰撞。我们还要注意培养学生在经历、体验学习活动时运用数学语言描述自己的感受的能力，让学生通过互动体验，感受数学思想与方法，理解数学知识与经验。

数学课怎样让学生在愉悦和谐的环境中积极主动地学习、全面发展？

要充分信任学生，把学习的主动权交给学生；要为学生创设各种问题情境，放手让他们自己去尝试、探究、猜想、思考，给学生留下足够的思维空间；要尊重每一个学生，允许学生用不同的速度去探索和获取知识，允许学生用自己喜欢的方法学数学，不轻易否定学生的选择和判断。

（本课曾获北京市课堂教学评优一等奖，在中国教育学会小学数学教学专业委员会举办的全国小学数学优化课堂教学录像课评比中获一等奖）

18. 巧思妙想变智慧
——与王翠菊老师对话《角的度量》

《角的度量》属于图形与几何领域中的学习内容，是让学生感受度量的本质，感悟度量的价值，初步培养学生量感的重要学习内容。本节课的主要教学目标是让学生通过观察、操作、实践等活动过程，了解和归纳测量角的正确方法，会正确使用量角器测量角，知道度量的意义，初步培养学生的量感。2007年我带领着团队成员来到延庆，开展了不同课例的比较教研活动，首先由王翠菊老师执教《角的度量》一课，然后我带领大家对这节课展开"集体会诊"，当天下午由我和王翠菊老师双师同堂上这节课，课后王翠菊老师说出了自己的困惑。

困惑之一：角的度量是教师讲解还是让学生在自主探究中掌握方法？课堂上我按照自己的计划以主讲的方式上这节课，先从生活实际入手，由筷子夹东西联系到角有大小，然后出示量角器，让学生观察、认识量角器，合作探究量角方法，我比较顺利地教会了学生量角的技能，但是学生只是坐着听，一点也不活跃，课堂上似乎缺了点什么。

困惑之二：角的度量单位应该什么时候教给学生？该怎样渗透度量意识？课堂上出示筷子夹东西的三个角时，我问学生这三个角究竟哪个大，大多少。有的学生说∠1大，有的说∠2大，有的说大5°，有的说大1厘米。这时候学生有度的概念了，不过我没有在意，对"大1厘米"的说法也没有做出反应，还是继续让学生认识量角器。我告诉他们里边的这圈刻度叫作内圈刻度，外面的这圈刻度叫作外圈刻度。不管怎样排列，我们都是把半圆平均分成180份，每一份是一个小格，一个小格所对的角就是一度角。我把这个度量单位直接教给了学生，没有想到要渗透度量意识，学生听了没有任何反应，大概也不知道角的度量单位是什么。

困惑之三：学生会量角就算完成任务了吗？是坦然地面对学生的错误还是忽略学生的错误？课上我教学生量角的方法时，害怕学生出错，就耐心地教学生使用量角器，特别强调"点重合，边重合，读刻度"的方法，可偏偏在课上学生把30°的角读成了150°，我害怕学生解决不了这个问题，就让学生讨论内外圈的读法，从左往右量的角读外圈刻度，从右往左量的角读内圈刻度，接下来就是课堂训练。大量练习真的能让学生找到解决问题的方法吗？

听了王老师的课，我和团队成员共同"会诊"了这节课，再一次重新备课，和王老师坦诚地交流了这节课的教学感受。

吴老师：综观本节课，我们不难发现：教师在一定程度上也不乏新理念的体现，如利用生活经验，从生活实际入手，在体会量角方法的时候也安排了动手操作和小组讨论，学生在老师的指导下也会量角了，但是学生会量角，就算完成任务了吗？在这节课上有没有比掌握角的度量这种技能更重要的东西呢？我们来回顾一下王老师的课。

第一环节：教师让学生发现生活中筷子夹东西有大小不同的角。测量大小不同的角就要用到量角器。

第二环节：认识量角器。教师告诉学生里边的这圈刻度叫作内圈刻度，外面的这圈刻度叫作外圈刻度。请学生找内圈50°，内圈120°，外圈60°，外圈140°。

第三环节：探究量角的方法，同样是在教师的带领下完成的。

吴老师：面对这样的教学设计，我们不难看出，测量知识全部都是由教师直接传授的，学生根本没有观察发现的机会。其实我们可以让学生自己发现，如：孩子们，请你们仔细观察量角器，你们对它有哪些了解？你们有什么发现？先和你的同桌说一说，然后再汇报。学生通过自己的预习，会知道量角器的各部分名称，老师没有必要带着讲。学生量角的时候，可以让学生亲自尝试，探究量角的方法。

王老师：听您这么一说，我觉得自己的教学方式有些问题。我一直在讲，学生一直跟着我的思路走，没有什么思考空间，我这种讲授式教学束缚了孩子们的思想，使他们没有机会思考。在下午的那节课，您从一开始就大胆放手，让学生自主动手、动脑探究量角的方法。学生出现了很多的问题，对这些新生成的问题，您并没有去帮助学生解答，而是让学生自己先思考，让学生之间产生争论，然后再找出错误的原因，这样学生能够体验发现问题、解决问题的过程。这种教学方法充分体现了学生是主体，教师是引导者。这种让学生自主探究的教学方法，有利于学生的长期发展，能够使学生通过思考找到解决问题的策略。

吴老师：《角的度量》一课中所用的单位和以往的度量单位相比，比较特殊，我们应该注重培养学生的度量意识。在你的数学课上，学生在开始比较三个角的大小时，有的学生说大5°，你没有在意，这说明有一部分学生已经知道"度"的概念了，我们应该让学生更深入地知道"度"这个单位是怎么来的，我们还可以利用学具让学生根据小角量大角，从而渗透度量意识。

我们可以这样设计：

师：怎么比较这两个角的大小呢？到底大多少呢？

(1)　　　　　　(2)

师：请你打开装满大大小小纸角的学具袋，看看它们能不能帮上你的忙？

生：老师，∠1里正好摆满三个小角，∠2不能正好摆满。

师：是啊，这可怎么办呢？

生：（把角对折了一下）我可以用这个小角测量。

师：真好，你想到了用小一点的角为单位度量。如果用它再测量其他角时还不能摆满，又该怎么办呢？

生：那就用更小的角度量呗。

师：这个角小到多少呢？（出示1°角的学具）这就是1°的角。度就是角的度量单位。

生：小角量大角太麻烦了，有更简单的测量方法吗？（在课件的演示中学生认识了量角器，感受到量角器的价值。）

王老师：吴老师，您的设计太精彩了，一个小角量大角的方法，不仅能够给孩子渗透度量意识，还能够让孩子体会到量角器的价值，您用智慧创造出有利于学生发展的细节，对我触动很大。

吴老师：你在课上害怕学生出错，于是带着学生去学，这样学生是学不到方法的。开放的课堂，是让学生自己动起来。教师要给学生亲自体验的机会，让学生根据自己的想法有兴趣地测量，体验量角的过程，经历发现问题—解决问题—体验成功—增强自信的过程。

在量角这一环节，我们放手让学生去量，就会出现这样的问题，比如学生一上来就犯了从直尺一端开始测量的"经验主义"错误，或者学生用量角器的圆弧卡住两条边的任意一点直接去量。

当出现问题时，要引导学生讨论，在讨论中教授量角的方法，教师不能直接给答案。比如碰上难点，究竟是30°还是150°，我们该怎么处理这个问题呢？我们只要把量角器加工一下就可以了，在中心点系上两条红绳，不断改变绳子的方向，让学生不断争论，最后从争论中得到正确的方法。

王老师：您创造性地使用了教具，学生就多了争辩、思考的机会。回想我的教学，我只是让学生空想到底是30°还是150°，不会给学生降低难度。而您在量角器上拴上两根线，随意拉出一个角，让学生看出是多少度的角，读的是哪圈刻度，学生一目了然。而且每个学生手里都有这样一个量角器，让学生自己动起来，随意用线拉出一个角，说一说是读内圈刻度还是读外圈刻度。

学生有了这种真正的实践体会，就不用像我那样告诉他们，从哪边到哪边是内外圈刻度了。您这样创造性地使用教学资源，不仅能够激发学生的学习兴趣，也提高了学生获取知识的速度。我在今后的教学中，也应该像您那样，在教具、学具的使用上多一点思考，让这些资源更好地为学生学习数学服务。

❤ 团队成员感悟

看了吴老师与王老师的对话，我们体会到《角的度量》一课不仅仅要让学生学会用量角器正确地测量角，更要让学生感悟度量的本质，感悟度量单位的可加性，明确度量对象、度量单位、度量工具、度量结果的重要性，特别是经历度量单位产生的过程，感受到其重要性，在度量的过程中培养学生的量感。

要上好数学课一定要在了解学生的基础上，创设认知冲突，然后抓住课堂上的生成性问题，引导学生思考、交流、辩论，教师做适当的引导和调控，让学生充分经历学生学习的过程，在尝试、交流、思考中不断积累数学活动经验，为今后的学习打下基础。

19. 估算开辟了一种新的解决问题思路
——与赵阳老师对话《用估算解决问题》

2021年11月11日，我和工作室的老师们参加了吴正宪团队基础教育国家级优秀教学成果推广展示活动。本次活动聚焦估算教学，以发展学生问题解决能力为目标。活动中，听了赵阳老师的《用估算解决问题》一课，并同全国几千名学员教师进行了关于估算教学的互动研讨。

课后，赵老师进行了教学反思，并结合课堂的情况说出了自己的困惑。

困惑之一：什么是估算？估算与估计、估数有什么区别？面对估算教学，我们常常心中没有"底"，总是抱着"差不多"的心态去教学，认为估计、估数与估算"差不多"，淡化了估算在教学中的价值。那么，究竟什么是估算？估算的教学价值究竟是什么？

困惑之二：遇到问题学生不愿意估算，如何培养学生估算的自觉？课堂上，面对同一问题，有的学生认为精算更好，理由是"精算没那么麻烦，列出算式，按算法计算即可，得出的数据一目了然；而估算虽然算起来简单一些，但又要考虑谁变大了，谁变小了，结果会怎样，最后还要进行推理，这样比起来，精算虽然时间久一点，但不用思考太多"。看似简单的一段话，却能看出学生不认可估算，不愿意估，不想估，学生怎样才能有主动估算的意识呢？

困惑之三：估算的答案不唯一，估算的方法不唯一，估算该如何评价呢？学生在解决"将这些货物一次性运走，你认为选哪辆比较合适？"时，有的学生将小箱重量估小，大箱重量估大，这样匀一匀差不多4吨左右，所以选择载重5吨的货车；有的学生将货物重量全部估大，等于5吨，所以选择载重5吨的大车。两种结论都有道理，都能解决问题，哪种估法更好？该如何对估算进行评价？

赵老师上课之后，我和赵老师开始了下面的对话。

吴老师：要把握估算的本质，厘清估算与估计、估数的区别。估算是在解决问题过程中做出结论或者推断而选择的一种方法，无需准确的计算。学生在解决问题的过程中，能够结合具体情境，选择合适的单位进行简单估算，所以估算教学需要在具体、真实的情境中进行，离开情境都谈不上估算。另一方面，估计与估数则无需有具体的情境，只是对运算结果的估计或是对数量多少的感悟。

赵老师：我记得您曾经说过，区别估算与估计、估数最好的办法就是看有没有真实的问题情境，而找到适合估算的好情境对于估算教学来说显得尤为重要。

吴老师：估算教学传递着近似思想，开辟了一种新的解决问题思路。在解决问题的过程中，学生们习惯了"一是一，二是二"的思考方式，但解决同一问题还有其他的思维路径吗？这节课，你为学生们"打开了一扇天窗"，就是用"大约的、模糊的、近似的"的思想解决问题。面对同一问题，有的同学用估算，很快就解决了，有的同学用精算，全班都完成了，他还没有算完，此时你并没有否定精算的同学也没有直接告知估算更便捷，而是让"当事者们"去比较、去感悟、去交流，此时无声胜有声，估算的便捷性便在学生的心中生根发芽。

赵老师：现在看来，我觉得我把估算看轻了，只看到了估算是一种解决问题的方式，没有上升到感悟数学思想层面。学生开始接触数学时，我们一直在凸显数学的严谨性、准确性。现在，当学生解决问题时，可以算得不精确，越快解决问题越好，这些确实颠覆了学生的认知。我认为这样的颠覆是有价值的，学生需要在对比和冲突中接受这种"大约的、模糊的"解决问题的方式，感受近似的数学思想。

吴老师：估算是学生逻辑推理能力的助推剂。估算要讲大逻辑，逻辑推理能力是学生数学素养的基本表现之一。我估,你也估,谁估得更合理、更讲逻辑,这就是重要的逻辑推理。在学习估算解决问题当中,如何帮助学生形成逻辑推理的能力,这也是估算教学的重要价值和使命。

这节课将逻辑推理体现得淋漓尽致:"李叔叔看中一套两居室的房子(户型图如下),房价为每平方米5.8万元,李叔叔预算500万够不够?"

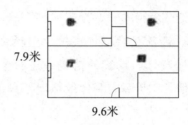

这里面有逻辑"单价估大,面积也估大,得出的总价钱等于或小于预算,所以预算就一定够"。在李叔叔乘车的问题中,学生将速度估小,时间估短,此时估出的路程比实际路程短,所以实际就一定能到达。这两个片段很精彩,一方面,关注了估的逻辑,关注了推理能力的培养;另一方面,四舍五入估也是可以的,不能因为讲估的逻辑就否定了学生已有四舍五入的经验,要体现估算策略的多样化。

赵老师:吴老师真是火眼金睛,一点问题都逃不过您的眼睛。我在呈现乘车问题的方法时,学生的四舍五入方法结果是对的,但没有讲出估的逻辑,我便主观地断定此种方法不合理,现在细细想起来,应该给这个学生一点时间和引导,"哪个估多了,哪个估少了,多的和少的部分抵消后会怎样?"不能为了讲逻辑而忽视其他估算方法,只要是合理的估算策略都应该给予鼓励,不能偏重一面。

吴老师:估算教学要关注数量关系,在解决问题的过程中培养估算意识。估算是为了解决问题,解决问题一定离不开真实的问题情境,真实的问题情境中就会存在错综复杂的数量关系。因此,只有在准确理解数量关系的情况下才能有正确估算解决问题的路径。这节课中,你为学生提供了多个鲜活的生活情境,我们不妨来看看这两个情境。

情境一：李叔叔乘坐高铁到上海出差，列车5:45从北京站始发，列车在开车前5分钟停止检票，李叔叔3:35乘坐出租车从家里出发，以46千米/小时的平均速度行驶，李叔叔能否按时到达火车站？

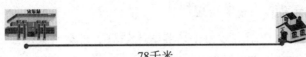

78千米

情境二：大箱货物重1168千克，小箱货物分别重490千克、489千克、494千克、487千克、498千克、478千克，大车载重5吨，小车载重3吨。将这些货物一次性运走，你认为选哪辆货车比较合适？

在李叔叔乘车问题中，李叔叔需要在火车开车前5分钟到达车站，要预留出从检票口到站台的时间，在到达火车站的路途中，又有了时间、速度、路程之间的关系；在选择货车运货时，需要分析总量与份数、每份数之间的关系。这两个问题，无论你选择精算还是估算，都离不开数量关系的正确理解和准确把握。

赵老师：我曾经一度认为理解数量关系是精算解决问题的事，是综合运用精算的事，估算就应该在简单数量关系的问题中进行，然后集中火力攻克估算的方法。听了您的指导后才豁然开朗，估算不能总在算上做文章，生活中的真实问题是复杂的，老师不能人为地降低问题的真实度，更不能替学生从生活问题中抽象出数学问题，这样会剥夺学生深入思考的权利，剥夺学生在分析、解决问题过程中对数量关系再理解的机会。

吴老师：要注重培养学生量感，在课堂中引导学生多感悟、多体验。量感是对可测物体直观的感觉，量感的培养需要有经验的积累。老师有必要让学生在真实的问题中经历单位的选择或者创造—估计—解释的过程，给学生多感悟、多体验的空间。在我的《曹冲称象》一课中，一辆卡车的载重量是20千克、200千克还是2000千克？这涉及数量级的选择，数量级就是单位，选择好合适的单位接下来就是将选好单位作为标准进行估，合适的单位能够使估算的结果既科学又合理。

赵老师：听您这么一说，这一点确实被我忽略了，整节课中只有最后一个"选择货车"问题涉及单位的选择，但我并没有给学生机会，而是直接给出货物的重量和货车的载重量。创造合适的机会让学生选择单位，再用选择好的单位去估是我接下来需要思考的。

吴老师：估算教学应致力于培养学生估算的自觉。教师要注重学生估算意识的培养，让学生尝到估算的"甜头"。问题的呈现尽量避免"估一估"等指令性的语言，教学中让学生多说一说什么情况下估算比精算更有意义，为学生创设充分的独立思考、个性分析和交流分享的机会，让学生遇到问题后自发先对问题中的数量及数量关系进行思维判断、分析，让估算与精算在互动中发生碰撞。学生在交流中进行对比，自主完成估算的过程与数量运算的优化。

赵老师：尝到"甜头"，这个比喻太恰当了，学生往往不喜欢估算，就是没有尝到估算的"甜头"。课堂上，为了提高学生的解题能力，我们常常会说：见到"估一估、大约、约是"类似的关键词就估算，此时学生不但没有尝到"甜头"，反而连主动思考的机会也没有了。

吴老师："不合理、合理或更合理"是估算的评价导向。对估算的评价一定不是准确不准确，而应是不合理、合理或更合理。估就是不准的，估算必须承认误差，估出的数是在一定的标准左右徘徊，它既不是唯一的，又不是准确的。这节课中，为了选择合适的货车，需要对所有货物的重量进行估计，有的学生将小箱货物的重量489千克、490千克、494千克、487千克、498千克、478千克都估成500千克，重为1168千克的大箱货物估成2000千克，即使大得很离谱依然能装下，说明实际一定可以；甚至在第二轮估的过程中将小箱货物都估成400千克，即使少到离谱也依然装不下。如果以准确与否来衡量，这些估算结果都与实际相差万里，但从逻辑推理的角度来看，这些方法既合理又便捷。面对差距甚大的估算结果，你始终以一种宽容的、接纳的心态接受学生们各种各样的估算方法，然后在比较中让学生感受哪种方法合理，哪种方法更合理。估算能力就在这样的推理、比较中慢慢产生。

赵老师：通过您的指导，我理解了估算中标准的含义。在用精算解决问题中，标准就是标准答案，是一个确定的结果，所以在这样的思维定式下我总是想给估算一个确定的结果，这样评价起来简单易行。就像您所说的"估算再准确能有精算准确吗？估就是不准的"，如果以精算的标准去衡量估算，势必是对估算的一种误解。老师在评价估算时，不但情感态度上要宽容、接纳，更要站在儿童的立场上去倾听儿童内心的想法，多给儿童表达交流的机会，我想这也是对您的"儿童数学思想"的践行。

❤ 团队成员感悟

吴老师的评析直击估算教学的核心。回顾团队研究估算教学的历程，第一个阶段关注"准不准"，也就是结果准不准确；第二个阶段关注"愿不愿"，关注到了学生估算意识的培养；第三个阶段关注"对不对"，关注到了逻辑推理的合理性。通过吴老师的点评，我们认为，估算教学接下来要关注"好不好"，怎样引导学生在逻辑推理中选择更好、更合理的方法。在估算中培养学生逻辑推理的能力，是我们今后研修的方向。

20. 围绕本质，建立联系

——与刘金玲老师对话《分数加减法》

《分数加减法》是北京版五年级中的新授内容，在这一单元先安排了同分母分数加减法，然后是异分母分数加减法。这一内容要求学生在自主探索、交流的过程中，理解分数加减法的算理，掌握分数加减法的算法，并能正确地计算，进一步发展数感，提高运算能力。刘金玲老师根据学情把同分母分数加减法和异分母分数加减法整合成一节课，让学生经历验证、交流的过程，理解分数加减法也是相同计数单位的累加。课后，刘老师反思自己的课，提出了下面的困惑。

困惑之一：一定要先讲同分母分数加减法，再讲异分母分数加减法吗？ 教材上对于分数加减法的安排是分"同分母、异分母"两次学习。我根据本班学生的实际情况（大部分学生会计算同分母分数加减法），把两次学习整合在一课时，重点学习异分母分数加减法，理解"分数加减法也是相同计数单位的累加"，为什么学生们的兴趣依然不高呢？

困惑之二：怎样让学生们主动发现数的加减运算的一致性？ 课上我引导孩子们思考并沟通分数加减法与整数、小数加减法本质上都是相同计数单位的个数相加减，但是从效果看，学生们主要是在老师的引领下思考，体会不深。如何让学生们主动发现数运算的一致性呢？

听了刘老师上课之后的感受，我和刘老师开始了下面的对话。

吴老师：我们先来看看关于分数加减法学习的脉络。三年级初步学习同分母分数加减法，主要是借助对分数意义的理解来计算出结果，同时也是为了帮助学生更好地理解分数的初步概念，给学生积累一些感性认识。五年级再次学习同分母分数加减法，强调要让学生经历主动探索分数加减法的算理与算法的过程，教师要帮助学生完成从直观到抽象，从操作看图计数到列式计算的转变。之后安排异分母分数加减法，更加凸显通分的价值，即转换成分母相同的分数，保证分数单位相同，再次体会算的也是分数单位的个数。教材这样安排体现了数学教学螺旋上升的过程，同时也体现了数意义与数运算的一致性。

你能根据本班学情，大胆地把同分母和异分母分数加减法放在一节课进行教学，而且围绕"相同计数单位累加"引导学生体会，这很好。从课上表现看，学生们做同分母分数加减法基本没有问题，完全可以直接挑战有难度的异分母分数加减法，让学生们体会"跳一跳摘桃子"的快乐，这样学生们会更有积极性，对"相同分数单位的数才能相加减"会体会得更深刻。

刘老师：看来在单元整体把握上我还是有点畏首畏尾。学生是学习的主体，我们既要考虑数学知识的逻辑体系，更要考虑学生的实际情况。对同分母分数加减法我们班的学生有前期经验，计算没问题，确实可以直接挑战异分母分数加减法，直面挑战性任务，更容易体会"先统一分数单位，再将分数单位累加或相减"的过程和本质。

吴老师：关于这节课的本质，你抓得很好，学生对分数加减法算的就是分数单位的个数有多少这件事有了比较深刻的体会。就像你刚才的反思，这节课虽然老师有意识地打通分数加减法与整数、小数加减法之间的联系，但是学生更多的是被动地接受。我们一起来研究一下。课上你给了学生一组算式：$\frac{1}{4}+\frac{2}{3}$、$\frac{1}{5}+\frac{3}{5}$、0.2+0.6、7+8，让他们先计算，再想想它们之间是否有联系。交流时借助 PPT 呈现的一组计算过程帮助学生体会：它们不仅意义一样，算理也是相通的，都是相同的计数单位的个数相加减，只是分数的书写形式不同。想法很好，PPT 也确实能帮助学生理解，但是学生缺乏主动思考，缺乏兴趣。

是不是可以把空间再给大一点，让学生自己去思考、交流，比如引导学生思考：同样是加法运算，为什么整数加法一定要末尾对齐？小数加法要小数点对齐？分数加法却要先通分？不同形式的背后有什么相同点呢？其实很多学生在学习中是没有想过这些问题的，我们把问题抛给学生，让他们自己举例子观察相同点，然后在集体交流中明确：整数的个位对齐是为了保证相同计数单位的数相加减，小数的小数点对齐也是保证相同的计数单位的数相加减，分数先通分才能让两个分数的分数单位统一，才能做到相同分数单位的累加，他们实际上算的都是相同计数单位的个数。在这个过程中还可以培养学生的推理能力，即能通过观察、实验、归纳、类比等获得数学猜想，并进一步寻求证据、给出证明或举出反例；能清晰、有条理地表达自己的思维过程，做到言之有理、落笔有据；在与他人交流的过程中，能运用数学语言合乎逻辑地讨论与质疑。这样的教学方式会调动大部分学生主动投入到学习研究的过程中，因为儿童本来就是喜欢研究和发现的。

刘老师：感谢您的建议，我确实应该给学生更多的思考和实践的机会。"纸上得来终觉浅，绝知此事要躬行。"学生们只有真的思考、验证、交流，才能更深地体会数的运算的一致性。我想起您说过的几句话："每次获得一个新知识，相当于多了一颗珍珠，知识获得越多，珍珠的数量越多。如果不整理，把它们放在盘子里如同一盘散沙，没有太大的价值。只有把这些珍珠按照颜色、形状去串成美丽的项链，才会价值连城。"对这节课来说，这个价值就是通过对分数加减法的学习进一步培养学生的运算能力和推理能力。

吴老师：课堂上学生们计算 $\frac{1}{8}+\frac{3}{4}$ 时出现了不同的答案：$\frac{4}{12}$、$\frac{7}{8}$、$\frac{4}{8}$……你鼓励学生自己想办法验证，这个环节设计得很好。提个小建议：要引导着学生们在交流的过程中体会数意义与数运算的一致性。"计数单位、数位、位值、进率"既是数意义的核心要素，也是数运算的核心要素。分数是对多少个分数单位的表达，分数加减法是分数单位的累加或减少。要在交流的过程中让学生体会到"分数意义"是"分数运算"的基础，借助分数的意义理解分数运算的算法算理；而"分数运算"是对"分数意义"的再解读，通过运算过程，进一步理解分数的意义，感受分数单位的作用。

它们是相辅相成、相互促进的。比如画图、折纸时就是借助对 $\frac{3}{4}$、$\frac{1}{8}$ 这两个分数意义的理解。其实无论是数的意义还是数的运算都是相同计数单位的个数的累加，只不过数的意义是一次累加，数的运算是多次累加，因为加法运算本身就是把两部分合并成一个整体的过程，只有相同单位的两部分才能合并。

课上学生们展示的通分、折纸、画图只是形式不同，本质上都是转化成分母是 8 的分数，也就是都经历了通分的过程。可以追问学生：为什么一定要让两个分数的分母相同呢？这样就突出了分数加法运算的本质——相同分数单位的累加。我们常说要"建好承重墙"，这个过程就是在建立分数加减运算的承重墙。

刘老师：您真是一语惊醒梦中人。原来不同算法之间不仅道理是相同的，而且和数的意义也是相通的，它们的本质都是计数单位及单位的累加。如果从这个角度引导学生交流，那就都通了。谢谢您的点评，让我对如何"建好承重墙"有了新的思考。

团队成员感悟

原本以为分数加减法只要学生会算，明白计算的道理就可以了。看了吴老师和刘老师的对话以后，才明白应该借助运算教学，发展学生的运算能力和推理能力，尤其要结合学生的已有生活经验、学习经验、学习困难等设计符合本班学生的有挑战的学习任务，让学生经历观察、思考、交流、反思的探究式的学习过程，并引导学生用联系的眼光看数学。只有重视知识之间的内在关联，学习才能融会贯通，学生才能在理上越辩越明、法越用越通。这就需要我们站在单元的视角，结合学生情况，整体规划每个单元的教学内容，使知识方法的学习具有迁移力，从而实现从未知到已知、从一道题向一类事的转化。同时也让我们对分数意义和分数运算的一致性有了深入的思考，也就是吴老师所说的，分数意义和分数计算一脉相承，通过计算进一步理解分数意义，感悟单位运算过程，感悟数意义与数运算的整体性，使"数"与"运算"纵横联通，只有这样打通隔断墙，才能使承重墙更承重。

总之，看完吴老师与刘老师的对话，激发了自己系统地钻研教材，深入了解学生的欲望。

21. 从未知走向已知
——与史冬梅老师对话《两位数乘两位数的笔算乘法》

《两位数乘两位数的笔算乘法》是传统的计算课，它是在一位数乘多位数笔算乘法的基础上进行学习的，通过计算教学使学生理解两位数乘两位数乘法的算理，掌握算法，能够正确进行计算，促进学生的运算能力的发展。

北京市西城区黄城根小学史冬梅老师上完《两位数乘两位数的笔算乘法》一课后，滔滔不绝地说出了自己上课前后的一些困惑。

困惑之一：学生都会了，课堂上还教什么啊？ 课前要求班中46位学生用竖式计算14×12的结果，通过前测，我了解到全班有近60%的学生能够准确地通过竖式进行计算，有近20%的学生能够借助以往的知识经验求出结果，只是不知道如何写竖式计算的过程。学生已经掌握了计算的方法，面对这样的学情，课堂上还教什么啊？

困惑之二：怎样处理算法易学，算理却难以深入的问题呢？ 对于计算教学，往往是计算方法容易让学生掌握，但是和学生一起经历探索算理的过程时，总觉得把简单的问题给复杂化了，导致学生不仅不容易理解，甚至会出现课前明白，课后却糊涂了的现象。

困惑之三：如何避免计算教学的枯燥乏味？ 以往的计算教学，总是以练为主，学生觉得枯燥乏味。我们的计算教学就只能围绕着计算方法以及学生的错误点进行枯燥的反复操练吗？在不断的反复操练下，学生的计算正确率又能够提高多少？计算教学除了让学生学会计算以外，还应该获得哪些能力上的发展呢？

下面是我与史冬梅老师就本课进行的对话。

吴老师：你先让学生自己试着用竖式来计算 12×14 的结果，写完后和同桌交流，然后找能够准确计算的学生板演，并汇报计算的过程。

这样的活动安排首先是每个学生独立思考，其次是同桌间的交流，可以使两个学生在相互交流中学习，也可使会计算的学生将自己的学习经验介绍给不会的学生，起到了生生互动学习交流的作用。

史老师：能够大胆地在课堂上采用学生试算后交流的方式进行学习，主要是根据课前对学生的测查结果的分析，因为80%的学生会计算，而且有部分学生能够准确地说出计算流程，学生在互相交流的过程中，可以互相学习。课堂上，学生之间的互动学习也应该成为学生学习的又一渠道。

吴老师：学生尝试计算 12×14 后，你又带领学生利用计算器验证结果，使学生信服。此时你的一句反问将课堂推向高潮："既然都已经认同了结果 168 是正确的，那么我们是不是就可以下课了呢？"这一句问得好，引发了学生的深入思考，有的学生想我知道了结果还要关注计算的过程，有的学生想我还要找到更多的验证方法，有的学生想知道为什么这样写竖式，还有的学生想了解计算中需要注意的事项等。这样的问题情境，留给学生思考的空间，使学生感受与领悟到学习知识不仅要知其然，还要知其所以然。

计算教学不应将会写竖式作为最终的教学目标，而要引导学生在已经初步掌握竖式计算方法的基础上，继续质疑，深度思考，使学生感受与领悟到知识之间的内在联系，从而找到知识的生长点与发展点。你让学生在点子图上分一分、算一算，利用它再次来验证 12×14 = 168 这个结果是否正确，这个活动能够帮助学生进一步理解算理。在这个问题情境下，具有不同知识经验的不同层次的学生有着不同的学习效果，因此课堂上出现了以下几种不同的方法。

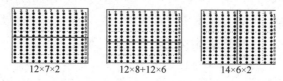

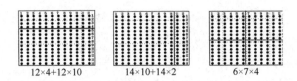

你进一步引发学生的思考：用了这么多不同的方法都验证了结果是正确的，那么这些方法之间有共同点吗？

引导学生寻找这些多种多样的验证方法背后隐藏着的共同特点，即先分后合，也就是将新的知识转化为旧知识。

此环节的教学采用先放再收的方式进行，学生经历了以下思维过程：个体无意识的操作验证—用语言表达思维的过程—倾听他人方法，同时，进行反思—对比多种方法—找到其共同特点。在这样的问题情境中，操作活动已经慢慢内化为学生的心智活动，从而提高了学生的思维水平。

史老师：我在教学中给学生提供了直观的点子图作为研究素材，让学生的多种思维轨迹在点子图上留下足迹，也使学生丰富多彩的学习成果得以证明。学生计算的方法不完全相同，但都是采用"先分后合"的思路，这一点恰恰就是乘法竖式计算的基本思路。

吴老师：在展示了众多的验证方法以后，你又提出了这样一个问题：哪种能够直接反映出两位数乘两位数笔算乘法竖式的过程呢？这又是一个具有挑战性的问题，此时学生的思考已从无意识地分一分、算一算、验证计算结果的过程，进入有意识思考的过程中，学生需要在众多的验证方法中找到与竖式计算相匹配的分法，这是学生思考过程中的一次飞跃。此时，学生将竖式的计算过程与点子图相对比，不知不觉中已经在自主地探索计算方法背后的道理了。

此活动的设计是在刚才"先放再收"的基础上，再进一步地收，使学生感受到点子图的另一作用，即借助模型来理解两位数笔算乘法背后的算理。你敏锐地抓住这一点，激发了学生的学习需求。点子图将枯燥的算法和神秘的算理揭示得如此透彻，让学生清楚感受到"法中见理，理中得法，原本不可剥离"。

你还提了这样的问题："在计算 12×14 时，用到了四句乘法口诀，二四得八，一四得四，一二得

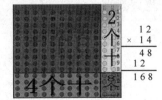

二,一一得一,为什么其他的验证方法都能够验证 12×14 的结果是 168,可是将这四句口诀的结果相加,不等于 168 呢?"

然后,你引导学生寻找竖式中每个数据的含义。

此问题的设计带领学生由"简单的会计算"转向"深入理解每一句口诀背后所蕴含的理由",此时的学生才由掌握算法而转为真正理解算法背后的道理。

史老师:您的分析让我进一步思考算法与算理之间的关系。在学生前测的过程中,多数学生掌握的是计算的流程,即在计算过程中要先应用四句乘法口诀进行计算,但大多数学生并不明白计算的道理。在教学过程中,我们教师就要从学生已有的学习经验出发,引领学生不断探索、发现,使学生在学习的过程中不仅知其然,还要知其所以然。

吴老师:综观整节课的教学,你用一个个活动的情境,一个个智慧的问题串引领着学生不断地深入思考,通过点子图的模型为学生创设了数学交流与想象的机会,使学生的一些无意识的思考,慢慢地变得更加有价值,使枯燥的计算教学焕发新的生命力。

团队成员感悟

看了吴老师和史老师的对话,尤其是吴老师对"两位数笔算乘法"教学的诠释以后,忽然间觉得计算教学不再枯燥乏味,计算教学同样可以生动有趣。

在本节课的教学中,史老师引导学生不仅关注计算的结果,更关注计算的过程,让学生在已有基础上进行自主探索,通过几何直观不断完善对两位数乘两位数笔算乘法算法与算理的理解,沟通知识之间的关系,为以后的学习奠定基础,促进学生学习的结构化。我们要让计算教学的课堂鲜活起来,就要在计算教学中给学生创造自由探究的空间,通过多种方式让学生理解算理、明确算法,促进学生思维的发展,培养学生的运算能力和推理意识。

22. 在认识小数中感悟数的一致性

——与李朝霞老师对话《小数的意义》

《小数的意义》是一节数概念建立课，数概念是小学生能够正确进行计算、判断、推理等学习活动的基础，建立数概念应该是具体而丰富的学习过程。在参加首都师范大学附属顺义实验小学数学活动时，听了李朝霞老师《小数的意义》这节课，课后交流时，李老师讲了备课和上课遇到的问题：

困惑之一：如何帮助学生感受小数是在"细化单位"中产生的？三年级学生学习了"小数的初步认识"，完成从"生活"到"符号"的转化，四年级安排了"小数的意义和性质"，要完成从"符号"到"概念"的转化。课前我组织学生用自己的方式表示0.3，很多学生直接画3个圆圈或者一条线段分成三段就说可以用0.3表示，显然孩子们对小数的认识停留在外在形式和表面的认识上，这种认识是错误的。怎么帮助学生感受小数是在"细化单位"中产生的，进而理解小数的意义呢？

困惑之二：如何从不同数域中找到数共同的本质意义，体会数意义的一致性？小学阶段数的认识主要包括整数、小数和分数。所涉及的核心概念有计数单位、数位、位值制。整数和分数的产生源于生活的真实需求，因为有生活实际情境做支撑，学生理解与接受起来很容易也很自然，但是小数是人为创造，其目的是与整数的计数方法达成统一，但凡是数，其本质意义都是对数量的抽象，数是对计数单位多少的表达。怎么帮助学生打通整数、小数、分数不同数域之间的隔断墙，感悟数意义的一致性呢？

困惑之三：如何沟通数与运算的关联，促进儿童深度学习？数认识是数运算的基础，数运算是在进一步理解深化数的意义，但是在教学中，往往少有结合，直到后续学习小数计算，学生在不同位数的小数计算时出现末尾对齐的错误。我们总是习惯把错误归结为马虎，归错于整数计算经验的负迁移，其实不然，这一方面反映掌握数意义的关键性，另一方面再次凸显数与运算的关联性，那在课上怎么去体现呢？

听了李老师备课时的思考和上课后的感受，我和李老师开始了以下对话。

吴老师：看得出来，你在设计《小数的意义》这节课前思考了很多的问题，的确，我们要想带领学生认识小数，首先自己要心中有"数"。在学习小数与分数时，要带领学生从"微观"的视角认识数，也就是说在任意两个相邻的自然数之间都存在着可以表示小数或分数的点，从而让学生更加直观地看到自然数、小数、分数的内在联系。这节课我也上过，首先我利用正方形直观模型，带领学生进一步认识、理解0.1，在模型上找到0.6，感受计数单位不断累加的过程。在认识两位小数时，并没有直接给出两位小数，让学生结合模型去理解两位小数的含义，而是在正方形模型表示0.6的基础上，在旁边画上一小部分，随即问学生们"阴影部分用什么数表示"。你看学生们怎么说。

生：这是多少，我还真不知道怎么表示。

生：比0.6多，但不是0.7，会是0.65吗？

生：要是0.65就应该画到这一条的一半，现在没到一半。

生：我有办法，把这条平均分就知道了。

孩子主动跑上讲台，拿起笔将这一条分成了10份，这时候问题又来了，这一点用0.1表示不合适了。

生：这是0.01。

师：我怎么找不到你们说的0.01啊？

此时，孩子跑上台，将整个图进行了"打通"。正方形模型被平均分成了100份，其中阴影部分占了61份，也就是0.61。

以问题为突破口设计学习活动，提出引发儿童深度思考的问题，进而组织围绕关键问题的探究活动，感受小数是在"细化单位"中产生的，理解小数的意义。并且学生在"细化单位"这个过程中，已经初步感受到了小数表达的价值。

李老师：吴老师这节课正好是在我们学校上的，当时感觉这一点太巧妙了，真是为之折服，主要是孩子们一下子来了兴趣。是呀，怎么表示？目前的所学解决不了现实的问题了，所学"无法满足"所需的时候，学生们就开始积极寻求办法。有几经尝试，不得答案，但不放弃的坚持，有冥思苦想，终有感悟的喜悦，更有恍然大悟后，获得成功的体验。这个时候，我就在想，这样的学习，还用强调数学学习要培养学生克服困难的品质和认真、勤奋、好奇、自信这些情感态度吗？我想这一切都蕴含在探究、分享中。尤其是学生的课后访谈，当问及现在小数在你们心中是什么样时，学生们说："小数就是在一个数和另一个数之间'诞生'出来的。"稚嫩的语言，凸显着数学的本质，彰显着孩子们独特的数学理解。当然，后面真是一石激起千层浪，孩子们争先恐后地表达此时小数在他们心中的样子。我特别惊讶，短短的40分钟，小数在孩子心中的样子发生翻天覆地的变化。

吴老师：小数亦称十进分数。根据十进位值原则，把十进分数仿照整数的写法写成不带分母的形式，使分数与整数在形式上获得了统一。因此，小数是为了与整数表达的统一而人为创造的，它具有十进制数的所有特征，也满足十进制数的运算法则，因而用起来非常方便，比较大小时一目了然。

关于这一点，我听了你的课特别欣赏你选择了十进关系明显的半抽象认数模型——计数器，通过读数、数数、找数，让学生体会计数单位"1"不断累加、不断细分的过程，感悟数在数位中的含义以及相邻两个计数单位之间的进率是10的过程。尤其是让学生在计数器上找到0.1的位置，用自己的方式表示0.1。我们再来看看学生们的想法和做法。

学生1在个位上画一个珠子，将它平均分成10份，涂上其中的一份。

学生 2 把个位上的一个大珠子换成了 10 个小珠子，用其中的一个小珠子表示 0.1。这大胆的一分，说明学生已经明白小数与十进分数的关系。但是还停留于用几何图形表示小数的意义，并没有借助数位。

学生 3 在个位上画 1 个珠子，但又觉得不合适，因为学习整数的经验告诉她，个位上一个珠子表示 1 个一，因此，学生把数位进行改动。十位改成个位，十位变成个位，百位变成十位，以此类推。

学生 4 大胆地直接在后面创造一个新位置，并画上一颗珠子，还给这个位值起了个名字——"分个"位。可见他充分理解了，这一颗珠子表面虽然没有分割，却表示了把个位上的 1 个"一"分成了十份。和前面的作品对比，表达的意义相同，但是一个直观，一个抽象。在这样的表示和创造中，从数位、位值、进率等角度进一步理解小数的意义。

这时候李老师又提出挑战性问题："你们说整数部分和小数部分是一家人还是两家人？"

有的学生认为是两家人，一十百千越来越大，0.1、0.01、0.001 越分越小。也有的学生认为是一家人，整体观察，从左往右，计数单位越来越小，从右往左，计数单位越来越大。还有的说每相邻两个计数单位之间的进率都是 10，所以是一家人。

说着说着，更多的学生感到两部分既是一家人又是两家人，而小数点正是连接它们的纽带。当学生们经过探究、观察、发现、概括这一切的时候，我们还需要再讲什么吗？还需要让他们默写小数数位顺序表吗？还用死记硬背把 1 平均分成十份是 0.1，平均分成 100 是 0.01 吗？我想学生们在核心的挑战性问题中，全身心投入，进行深度学习，已经获得了对概念的理解，沟通了不同数域之间的联系。

李老师：嗯，谢谢吴老师的肯定，之所以有这样的设计，也是源于您的课堂上出现的"大 1""小 1""小小 1"……正如儿童所说的"小 1 啊小 1，你可以在整数世界里十倍十倍地往上长；你也可以在小数世界里十倍十倍地往下缩……"儿童在多次体验活动中，体会小数与整数本质的一致性，整数与小数都是十进制，整数是将"1"这个单位不断地累加，而小数则是将

"1"这个单位不断地细分。一位小数是"1"的细化,又是"0.1"的累加;两位小数既是"1"的细化,又是"0.01"的累加;三位小数、四位小数……以此类推。孩子们在"再创"和"打通"中,感悟数的一致性。在抓住计数单位及其个数的本质意义的基础上,孩子们对本单元要学习的小数的读写、小数的大小比较等内容有所迁移。

吴老师:小数是在对整数理解的基础上展开学习的,它们一脉相承。小数、小数运算及问题解决构建起整个小数学习的承重墙。在引领儿童学习时,既要建好核心知识及关键能力的承重墙,又要打通小数与整数之间的隔断墙,打通"小数"与"小数运算"的隔断墙。让数概念的核心要素统领整合小数意义与小数运算的系统学习,将碎片化的知识系统化、整体化和结构化;同时通过运算教学,引导儿童回过头来对数概念本质再一次深入理解和讨论。通过迁移渗透,沟通联系,举一反三,融会贯通,儿童对小数概念与小数运算的本质理解得更加深刻。刚刚你也谈到了,后续我们要学习小数的运算,我上的《小数的加减法》《小数除法》,都是从生活中的真实情境入手,在冲突、交流的过程中,紧紧抓住数认识的本质和运算的本质,沟通"数意义"与"数运算"的内在联系,让有关数概念的核心要素统领小数意义与小数运算的系统学习。

李老师:确实如您所说,现在我们在上数意义的课时,已经有意识地与运算进行结合,比如让学生用不同方式表达数。在运算教学的过程中,也会结合具体的算法挖掘背后的算理支撑,让学生在理解算理的过程中感悟数的意义。

团队成员感悟

看了吴老师和李老师的对话以后,深深地被吴老师的教育情怀感动,被吴老师的教育智慧折服。听了吴老师对"小数的意义"教学的诠释,忽然间觉得小数不再是"最熟悉的陌生人",对小数的结构、产生的价值、课堂的落脚点都有了清晰的定位,对小数的教学从不知从何下手变得有章可循,并且感受到小数的产生如此巧妙,感悟到人类发明的伟大。尤其是吴老师对儿童原有认知的关注,真的找到了学生对小数认识的起点,巧妙地进行活动设计,有效地进行课堂干预,用富有儿童趣味的语言,表达着对小数的深刻理解。

(本课获北京市数学教学设计及说课一等奖)

23. 把握度量的一致性，促进深度学习
—— 与郭然老师对话《圆的面积》

2021年11月，我受邀参加"吴正宪小学数学教师工作站大兴分站"的研修活动，听了郭然老师执教的《圆的面积》一课。多年前我也走进过他的课堂，当年的"小新瓜蛋子"今天却让我刮目相看，我坐在台下不断和我的同仁们分享他的成长，课后我对他的评价是：在课堂里他充满自信。

课上他抓住度量的本质，带领学生探索圆的面积，鼓励学生表达测量圆的面积的方法，学生在互动交流的过程中，获得了知识的理解，感悟了极限、转化等数学思想，发展了数学核心素养。课后，年轻的郭然滔滔不绝地和我谈起他上课后的感受。

欣喜一：前置性作业，带给我很多惊喜。 在学习本课之前，我想通过课前作业，了解学生的已有基础和学习困难。我没有想到学生这么有想法，一幅幅作品里充满了思考和困惑，使我顿时明确了课堂的方向。我想这就是"儿童立场"的力量。

欣喜二：把握住本质，让我心中有数。 聆听了多次您的课堂，我深刻认识到抓住核心本质的重要性。长度、面积、体积三者度量的对象不同，但都是以"单位"为核心，用度量单位的个数来刻画它们的"大小"，这是它们本质上的一致性。因此，这节课我就是向着这一点前进的，而且我觉得自己走得很稳。

欣喜三：遇到问题时，学生很会思考。 这节课我一直利用资源给他们制造困难，但是他们毫不退缩，不断地交流和碰撞，并结合已有的知识和经验寻求解决问题的方法，我深刻地体会到学生真的很会思考问题。

下面是我与郭老师就本节课展开的对话。

吴老师：我经常说，教师始终要坚守儿童立场，站在他们的角度去想问题、做事情。在课堂上不要和儿童争做"主角"，而是要充分地相信他们，开发他们的潜能。他们能自己做的事情，教师不要包办代替。要让儿童在自主探索中培育自信和创新能力，促进他们的自我成长。你的这节课让我看到了，你是一位懂得尊重儿童的老师。

这节课中，为让学生探索圆的面积，你设计了前置性作业："测量这个圆的面积，并把你的思考过程记录下来，如果遇到了困难也可以记录下来。"我认为前置作业是一种很好的教学形式，先把问题放出去，以问题引领，让每个学生都基于已有的知识和经验，事先与一个突如其来的新知识打交道，使他们的潜能和创造力得以发挥。

郭老师：我特别喜欢您的观点：先把问题放出去，让学生带着问题和思考走进课堂。孩子们特别有想法，有很多作品都出乎我的意料。我来分享几个学生在课前完成的作品，再还原一下他们的真实思考。

学生描述1：我首先想到的就是用小方格测量圆的面积，因为我们在学习面积时用的就是这种方法，圆里面有多少个小方格，它的面积就大约是多大。但是，我也遇到了困难，就是边上空白的部分不知道面积是多少。

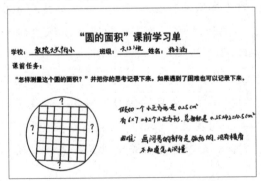

学生描述2：我觉得可以用方格测量，我先在圆里画一个最大的正方形，求出它的面积。然后把空白的部分用小正方形进行补充，再求出这些小正方形的面积，再把它们的面积加起来就可以了，但是这样一个一个加太难算了！

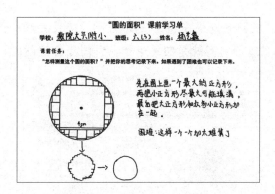

学生描述3：我受刘徽的割圆术的启发，先在圆里面画了32个相同的三角形，然后求出一个小三角形的面积，再乘32，就能得到接近圆的面积，但是无论多么接近也还只是约等于圆的面积。

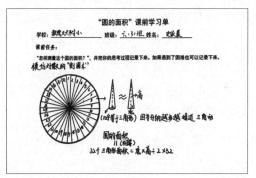

学生描述4：把这个圆切成很多块类似三角形的图形，切得越多就无限接近三角形了，然后将它们拼成一个平行四边形，之后算一下这个平行四边形的面积。我遇到的困难是三角形的短边不直，测量并不准确。

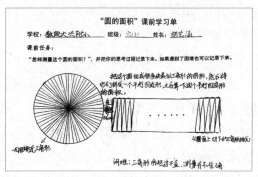

学生描述5：把圆分成很多份，份数越多越接近直线，然后拼成一个平行四边形，平行四边形的高就是圆的半径，它的底就是圆的一半的周长。

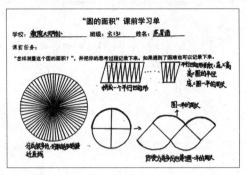

吴老师：多好啊！学生的思考让我感动，这就是他们最本真、最原生态的思考。当然他们遇到了很多问题，这又何妨？课堂不正是一个互动交流的平台吗？课堂上他们一定很想知道"我没做出来的东西，你是怎么做的；我这么测量还有困惑，你是怎么测量的"。每个人都能带着问题和思考走进课堂，在不断的交流和碰撞中获得理解，感悟思想。

郭老师：学生在学习本课之前已经经历了多次"面积"的研究，积累了丰富的经验。因此，备课时我就在想这三个问题：学生已经在哪里？学生还能到哪里？怎样引导学生走得更远？所以，我设计的前置性作业，使学生的已有基础和学习困难充分暴露出来，让学生能够带着思考、带着问题走进课堂。同时，基于课前作业反馈情况，精准分析学情，规划学生的研究路径，引导学生不断发现和提出问题，分析和解决问题，促进学生学习方式的融合，最终为培育核心素养拓展出空间。

吴老师：小学阶段学生主要接触长度、面积、体积等度量概念，其中面积是对二维空间图形的度量。关于度量，史宁中教授这样说：要度量就必须确定度量单位，所谓度量，就是计算所要度量的图形包含多少个度量单位。它的核心要素包括度量对象、度量工具、度量单位和度量结果。平面图形的面积都是用度量单位的个数来刻画它们的大小，这是它们本质的一致性。

你今天的这节《圆的面积》是站在大单元的视角来设计教学、实施教学的。长方形、正方形、平行四边形、三角形、梯形和圆的面积，它们共同的本质都是用面积单位去密铺，然后把单位个数进行累加。抓住这些内容的"一致性"开展教学，就是抓住了大单元的本质。

【片段一】

生：我们在学习面积时，用小方格的方法测量图形的面积，所以我想到了数圆里面有多少个小方格，它的面积就是多少。遇到的困难是边上空白的部分不知道面积是多少。

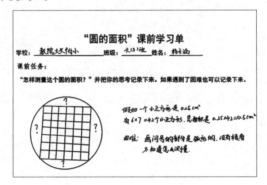

师：测量圆的面积怎么想到用小方格的？

生：因为我们都是拿小正方形当测量单位，然后再数图形中有多少个小正方格，就知道了图形的面积。

生：原来学习的图形都是用面积单位测量它们的大小的。

师：真好！我们以前就有了这样的经验，用单位测量图形的面积，看看图形中包含多少个面积单位，它的面积就是多少。（板书：面积单位的个数）

师：在测量的过程中，你遇到了什么困难？看看同学们能不能帮助你解决。

生：在测量的过程中有一些剩余的部分，这些剩余的部分没有棱也没有角，没办法测量。

师：对呀！剩下的部分怎么量？

孩子们若有所思。

生：我是要在圆里面取一个最大的正方形，然后在空白的部分再画一些小一点的正方形,但是发现还有空白部分,于是我再画一些更小的小方格,让它无限接近圆。

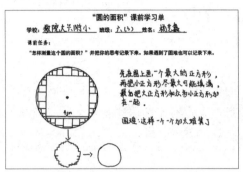

师:你们觉得这样可以吗?为什么?

生:我觉得可以,他的方法是求出最大的正方形的面积以后,把空白的部分用小正方形进行补充,再求出这些小正方形的面积,反复进行,这样就能无限接近圆的面积。

师:真棒!同学们,刚才两位同学在测量时,一开始选择的单位比较大,遇到什么事儿了?

生:有不能测量的部分。

师:然后你们就想到——

生:把单位化小,如果还有空白就再化小,这样一直下去,就无限接近圆的面积。

教师出示课件直观演示。

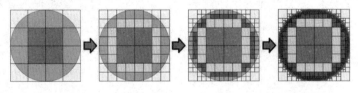

……

吴老师:数学的学习一定要建立整体的、系统的、有结构的知识体系,要使学生体会到这些平面图形的面积讲的都是"一个理儿",这样才能抓住单元的本质,感悟面积度量的一致性。在整节课当中,同伴之间的这种交流给我留下了深刻的印象,学生的自我认知得到了提升,他们不但抓住了"单位"这个核心概念,而且还在不断细化单位的过程中感悟了极限思想。

郭老师:您说过提起度量一定要想到四个要素,即度量对象、度量工具、度量单位和度量结果。面积是二维空间图形的度量,虽然这部分内容在教学时间上不连续,但整体教学目标一以贯之,不论是长方形、正方形、平行四边形、梯形、三角形还是圆的面积,都围绕着度量的四要素进行教学,其本质都是面积单位个数的累加。

吴老师:建好"承重墙",打通"隔断墙",包含两个支点:一个支点就是核心知识,另一个支点就是核心素养。这两个支点把"承重墙"支起来,而这下面对有联系的知识,我们完全可以用一个统一的观点统领,目的就是要让学生学会举一反三,触类旁通,纲举目张。今天你的课一直在强调把新知识转化为旧知识就是这个道理。我们来回顾一下,当展示把圆形转化成平行四边形的作品时学生的对话。

【片段二】

生:我把圆平均分成很多份,把它们都看成三角形,然后拼成一个平行四边形,求出这个平行四边形的面积就能得到这个圆的面积了。

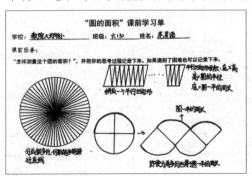

生:我有个问题,你说分成的是三角形,可是它的底还是弯的呀。

生:如果分的份数越来越多,比如无限份,就可以看成一个点了,这时三角形的底就变成一条特别小的直线或者变成一个点了。

生:可是分得越来越多,你怎么知道分成了多少个三角形,这一个小三角形的面积也没办法算啊!

生:我们不用算一个三角形了,只要算这个平行四边形的面积就行了。

学生纷纷点头表示同意。

师:你们的交流特别有价值,一下就解决了同学们的疑惑。可是,老师还有个问题想问问大伙:你们是怎么想到把圆这样一个曲边图形转化成一个平行四边形的呢?

学生陷入思索。

生:因为圆的面积我们不会计算,所有我们要把它转化成会计算的图形。

生:我们没学过圆的面积怎样计算,但是之前我们学习过平行四边形、三角形的面积怎样计算,所以我想到了"新"转"旧"的方法。

师:哦?"新"转"旧"是什么?

生:圆的面积是新的知识,原来学过的图形就是旧的知识。

师:真好!这样我们就把未知——

生:转化成了已知。(师板书:把未知转化成已知)

师:我们再把大家的作品对比一下,看一看有什么相同的地方。

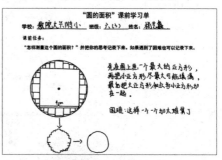

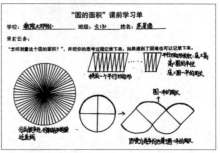

生:都是用面积单位去测量圆的面积,然后计算面积单位的个数。

生：都是把未知的知识转化成了已知的知识。

……

吴老师：单位个数的累加，把未知转化成已知，是学科本质的一致性和思维方式的共通性的具体体现。这就是在培养学生举一反三、触类旁通的能力，这样才能更好地把核心素养落实到课堂中，让学生学会用数学的眼光、数学的思维、数学的语言去进行思考和表达。今天你的这节《圆的面积》给我们提供了一个很好的案例。

郭老师：聚焦学科本质的一致性和思维方式的共通性，做举一反三、触类旁通的事，您的点评给我打开了一扇窗。引导学生把零散的知识融入到体系中，利用迁移学会联系地看待问题，才能举一反三、触类旁通，落实核心素养。

团队成员感悟

听了吴老师和郭老师针对《圆的面积》一课的对话以后，忽然间通透了很多。思考教学内容时，要站在"单元"视角，整体把握知识之间的联系，即不是去单独备一节课，而是把一些时间上不连续的内容，作为一个整体进行梳理，挖掘每个具体内容目标与核心素养的关联，抓住一致性和思维方式的共通性，从而使单元整体教学目标一以贯之。此外，在教学准备方式和教学研究方式上寻求变革，要为学生创造主动思考的机会，了解学生的已有基础和学习困难，坚守儿童立场，课堂上要通过师生、生生之间的互动促进教学方式融合，关注学生的实际获得。听完吴老师的评课，我们更加清晰地认识到数学教学来不得半点花架子，一切都要按规律办事，做到心中有学生，心中有本质，心中有规律，这样才能烹饪出"好吃又有营养"的数学大餐。

第三辑　吴正宪与学生的互动式评课

　　每次教学研讨活动，伴随着下课铃声的响起，吴老师总会微笑地走上讲台，站在授课教师的身边，细心观察每个孩子的表情，随后便是一连串的点睛之问。有的问题指向课堂设计的亮点，有的指向教师的课堂风采，有的指向课堂上学生的精彩表现，有的则是对课堂上一个难忘的片段的追忆……这就是吴老师与学生的互动式评课。

　　互动式评课是吴老师评课的重要组成部分，也是吴老师评课的独特形式之一。吴老师以精心设计的问题为引领，让学生有机会表达真实的学习感受，这些感受像一面"镜子"，有助于教师更客观地看清自己的实践，促进了授课教师及听课教师的共同反思，进而提升教师读懂教材、读懂学生、读懂课堂的意识和能力。

24. 画出来的理解

——评郭月红老师执教的《两位数加一位数》

一、访谈背景

2007年4月18日,北京市小学数学课堂教学实效性研讨活动走进了朝阳区呼家楼中心小学万科青青分校,活动紧紧围绕着有关运算教学的实效性展开。活动中,呼家楼中心小学的郭月红老师执教了一节一年级《两位数加一位数》的进位加法。这节课的内容是学生在学习了100以内数的认识以及不进位加法的基础上进行的。课堂中,"24+9=?"的问题是本课重点研究的一道题目,郭老师为学生提供了"小棒"和"图纸",让学生有机会在"摆一摆""画一画"中,更好地理解算理进而掌握算法。课堂上,有的学生用老师提供的小棒,边摆边想,还有的学生拿起画笔在画纸上边画边想,有的是一个个"小圈儿",有的是一堆堆的"小点儿",也有一组组的"小三角"……孩子们画完之后还主动地"圈一圈""连一连",来探寻、说明和验证自己的计算结果。课堂上孩子们在老师的引导下积极地思考,研究进位加

法的运算方法，可谓收获颇多。下课铃声响起，吴老师拿起话筒，微笑着走到孩子们的身边，对学生进行了及时的现场访谈。

二、场景描述

吴老师指着黑板上一名同学的运算方法：$1+9=10$，$10+3=13$，$13+20=33$。

吴老师：小朋友们表现得非常好，老师有个问题想问你们行吗？解题中你们用到了$1+9=10$，那么在图中1和9都在哪儿呢？找一个课上还没发过言的小朋友来。

在吴老师的鼓励下，一个孩子走到黑板前，用手指轻轻地指了指图中的小棍儿。

吴老师：好，你把1找到了，把9也找到了，那么10在哪儿呢？我们换一个小朋友来找一找。

又一名学生走上讲台，颇为自信地边指边说："9和1凑成10。"

吴老师：好了，10找到了，3呢？

这个孩子迅速地将手指一挪，指向旁边的小棍儿说："3在这儿呢！"

吴老师：哦，看来13就是把10和3合起来，是吧？

此时，不光是台上的这名学生在回答吴老师提出的问题，台下的学生也都边思考边频频点头。

吴老师：算式中的20又在哪儿呢？

生：就是这两捆。

吴老师：哦，所以13和20合起来是33，对吗？

生：（异口同声）对！

吴老师：好，原来算式中的每个数都能够在图中找到。你们学得真不错！

课后，吴老师还针对郭老师选用的小棒和画图纸进行了点评："过去我们在学习加法时，基本都是借助小棒，小棒可以说是主要的探索算理的工具。今天，我们看到了孩子这些五彩缤纷的图画，我在想，数学给学生的是什么？如果只是限于教会凑十的方法，那么讲讲就行了，而今天这些富有创造性的图画，对学生的学习是有很大帮助的。学生经历画一画、数一数、想一想的过程，就是数感培养的过程。学生的数感能够用图像表达出来，这样的形式对语言表达能力有限的一年级学生而言无疑是一种有效的补充。在我们的课堂中，老师们要大胆地实践，要给孩子们创造想象的空间，让'数'与'形'有效地结合，要给孩子们提供动手操作的空间，让'形象'与'抽象'有效地结合，更好地促进学生思维的发展。"

三、授课教师反思

吴老师对学生简短的课后访谈引发了我深入的思考，我真切地感受到吴老师听课是带着深入思考听的，对学生的课后访谈也是带着深入思考问的。从前面简短的访谈可见，吴老师通过对学生"读图"水平的追问，进而了解了本课中学生对"进位加法"算法以及算理的掌握情况。

吴老师说，首先，教师要拉近孩子脑中的数学与课本中的数学、教师脑中的数学的距离。教师要站在学生的角度思考教学环节与过程，不但要思考怎样教，更要思考学生遇到知识时会怎样学。其次，教师要放手让学生展现自己的发现，不管是正确的还是错误的，当学生在课堂中出现错误时，教师要把改正错误的机会留给学生，而不是教师自己一味地否定和讲解。最后，要注意课堂生成，善于抓住课堂生成的时机对学生进行思维与能力的训练。上这节课之前，吴老师是这样指导我的，课后的访谈也是紧扣这个主题来进行的，这样的追问再一次引发了我对"教什么"与"怎么教"的思考。

访谈中吴老师还特意请课堂上没有发过言的小朋友来回答问题，这更是对课堂实际效果的客观反馈与评估。孩子们也许还不能够用简洁而准确的语言表述"24+9"应该怎样算，以及为什么这样算，但结合直观图形，孩子们能够准确地解读运算过程中每一细节所表示的含义，这正是他们对运算的真理解。

建立数感有助于学生理解现实生活中数的意义，理解或表述具体情境中的数量关系。在第一学段"数与代数"的教学中要注重使学生通过观察、操作、解决问题等丰富的活动初步培养学生的运算能力。从吴老师的课后访谈可以看出，学生结合直观图"指得准"，背后是对算理"想得清"，这必然是"算得对"的基础与保障。我想，计算教学就是要追求学生们对算理的真理解，只有学生对算理有了深入的理解，才能更好地掌握算法，甚至创造适合自己的计算方法。

◯ 团队成员感悟

不难看出，在郭老师的眼中，数学教学不仅仅要教会学生们算法，更要让学生们获得对算法的真理解。然而，理解算理对于一年级儿童是个不易的目标，需要教师选择恰当的方式让学生的"理解"有效地外显，让每个儿童内心不同的"理解"得以交流和分享。郭老师给学生提供了"画"的机会，让隐形的思考过程显露出来，让抽象的算理变得直观起来，"画"出了学生对数学知识的理解，也"画"出了教师对学生的理解。

我们的这些感悟源于郭老师精彩的课堂教学实践，更源自吴老师点睛的课后访谈。这是吴老师评课的一种独特而有效的方式，她适时地给课堂拨出宝贵的"弦外音"，引发每个听课者对课堂教学进行更深入的思考，让我们更全面地了解学生课堂学习的实效，让我们更聚焦于"教什么"与"怎么教"的核心问题。

25. 举个例子，一下就明白了

——评于萍老师执教的《小数加减法》

一、访谈背景

2009年3月26日，北京市骨干教师研修班在崇文小学拉开帷幕。北京小学的于萍老师和崇文小学四年级的学生一同上了一节《小数加减法》。在这节课上，于老师改变了原有的"教师出题，学生练题"的方式，创设了探究空间，让学生自己来编题。在编题的过程中，学生创造出了许多小数加减法计算题，既有小数部分位数相同的，也有小数部分位数不同的，还有运算结果需要化简的……其中，小数部分位数不同的小数加减法是反馈分析中的重点，这将引导学生探究小数加减法的计算法则，是本课的重点环节。

课上，于老师以"为什么这样算？为什么要小数点对齐，末位对齐不行吗？"的问题引发学生探究与思考，先后有几名学生结合小数的含义对"这样做"进行了"说理"。之后，师生共同围绕学生自己编的题总结出了小数加减法运算方法的核心，即"小数点对齐"和"相同数位对齐"，进而顺利地完成了本课后续内容。下课后，吴老师针对"说理"的环节进行了互动式评课。

二、场景描述

吴老师：同学们，听了你们这节课我非常高兴。我是吴老师，我想问大家一个问题。

吴老师在黑板上写了一道题：1.52+0.3＝？全体同学立刻举手。

生：（齐）1.82。

吴老师：哦，一下就说出来了。那老师再问一个问题，还是1.52+0.3，你们还能用别的办法证明它的结果是1.82吗？

生：1.82-1.52=0.3。

吴老师：哦，你用逆运算，很好。刚才你们是把3跟5相加的，为什么不能末位对齐？我把这个3和2相加行不行？

全体同学举手。

生：（齐）不行。

吴老师：为什么不行呢？

生：因为要小数点对齐。

吴老师：为什么要小数点对齐？

生：小数点对齐，数位也对齐，十分位和十分位对齐，百分位和百分位对齐，这样相同数位对齐就不会算错了。

生：0.3里的3是十分位，0.02里的2是百分位，十分位不能和百分位放在一起。

生：例如去商店买东西，一件东西1.52元，另一件东西0.3元，要想知道一共有多少元，就得相加，3是3角，2是2分，3角不能直接和2分相加。

吴老师：3角加5角是8角，3角加2分既不是5角也不是5分，是这个意思吧？我发现这位同学挺会学习的。他用自己的生活经验，用"元、角、分"举了个例子，这样的例子在生活中用得很多，是不是？

学生频频点头。

吴老师：你通过举例子的方式这么一解释，我还真是明白了。

三、授课教师反思

吴老师在访谈中对算理追问的部分，引发了我更深入的思考。我在课后反思中写道：小数加减法与整数加减法充满了联系，在上这节课之前我就考虑到了，除了要让学生理解并掌握小数加减法的计算方法，还要试着让学生发现和感受到它与旧知识（整数加减法）之间的紧密联系，感悟学习的整体性和结构化。因此对运算方法的讲授不能仅仅停留在"法"的层面，还要讲

"理",要让学生通过对具体问题的分析,理解"小数点对齐"是为了保证"相同数位对齐",因为只有"相同数位对齐",才能够确保相同计数单位的个数相加减。

带着这样的思考,我走进了课堂,学生们在分析"1.34+0.8"时,一部分学生能够从计数单位的角度说明,4个0.01不能和8个0.1直接相加,得到的12没有道理。至此,我便组织学生总结计算方法,当时心中也有"是不是所有学生都能理解"的担心与疑惑,但还是组织学生进入下面的教学环节了。

课后访谈中,听到吴老师对孩子们的追问,我心头一紧,不禁有些担心学生们回答不好,但学生的"举例"给我带来了很大的启发,简单的例子使抽象的算理变得具体而形象了,也有助于更多的学生更深入地理解算理。感谢这个孩子精彩的"举例",感谢吴老师点睛般的互动式评课,再执教这一内容时,我会努力让"算理分析"环节不再留有遗憾。

团队成员感悟

原本对课堂环节颇为满意的于老师,在吴老师互动式的评课中受到了新的启发。"举例子"是学生学习抽象的数学知识时常常需要的形象支撑,教师应在教学中适时地请它来帮忙,同时也应注重培养学生"举例子"的意识、习惯和能力。

"举例子"是这次课后互动式评课带给授课教师思维碰撞的一个重要方面,这也成为教师进一步思考教学、研读课堂的新动力,增强了教师展开新实践的信心。于老师在这次课后访谈之后改进了教学设计,并以这节课在全国第九届小学数学课堂教学交流观摩活动中获得一等奖。

26. "嘚啵嘚啵" 拨出的弦外音
——评赵震老师执教的《圆的周长》

一、访谈背景

2004年10月，北京教科院基础教育教学研究中心对北京市昌平区中小学各学科进行教学视导。赵震老师代表全区小学数学学科在总结会上上汇报课《圆的周长》，从关注学生的操作和体验过程着眼，探索探究式教学方式在教学中的应用。课堂上，赵老师设计了"圆的周长怎么测量？用直尺直接去测量行吗？"与"你觉得圆的周长会是它直径的几倍？"两个探究性的问题，学生们异常兴奋，三三两两凑在一起，你一言我一语，直尺、线绳、一元硬币、易拉罐、茶叶筒等实物材料成为学生的有效工具。真实、自然而又充满理性的交流过程，带动了孩子们进一步动手实验、操作探究的强烈需求。

课后，吴正宪老师与学生进行了课后访谈。

二、场景描述

吴老师：同学们，今天这节课你们感受最深的是什么？

吴老师富有感染力的话语感染着在场的每一个学生，学生们开始思考，教室里一下子安静了下来。几秒钟之后，几只小手陆续地举了起来。

生：赵老师让我们动手操作，更明确地知道圆周率是怎么来的。

吴老师：直接告诉你们不是很省事吗？

生：我觉得老师这样讲让我们更深刻地了解了圆周率的来历。在实践中学习，自己慢慢地一步一步地去推导，在脑海中的印象更深刻，比老师直接告诉我们要牢固得多。

吴老师：你喜欢赵老师吗？

生：我喜欢今天的赵老师。

吴老师：那以前的赵老师你喜欢吗？

生：以前，赵老师在课上老是"嘚啵嘚啵"，跟唱戏似的，让人感觉很闷。（全场大笑）

吴老师：今天的你非常开心。嗯，你代表了同学们的心声，你喜欢今天的赵老师，喜欢今天这样的课堂。好，谢谢。

吴老师：这也说明赵老师和你们非常和谐。正是因为赵老师和你们平时像朋友一样，所以今天你们才能够坦诚地说出来。这也说明我们班的同学很喜欢探索，很喜欢用自己的能力、自己的智慧来解决问题。人的快乐在哪里？人的幸福在哪里？就在我们一个个创造性的学习活动当中。

……

在后续的访谈过程中，吴老师连续提出了几个用新学的知识来进行实践和迁移的实际问题，孩子们充满智慧地加以分析和解决，有理有据，娓娓道来，赢得了老师们一阵阵的掌声。

三、授课教师反思

课后访谈虽然结束了，但从未有过的经历让我久久不能平静，"嘚啵嘚啵"四个字一直萦绕在耳边，学生对我以往教学行为的评价引发了我深刻的反思。

1. 把探索的时间还给学生

在平日的教学工作中，尽管自己一直想成为一名学生满意的数学教师，尽管为了把知识清楚、明白地传授给学生，我想方设法，精心设问，耐心讲解，做得很细致、很辛苦，但学生为什么不理解、不买账，却只对今天的学习感到格外开心？

要想创造学生们喜爱的数学课堂，为学生们提供优质的数学教育，真正成为一名令学生满意的数学教师，就必须像对待公开课一样，认真对待平常的每一节课。

对于学生的评价，我也不得不承认：以往的教学，本质上还是教师以自己为中心，过多地替代了学生的主动思考和实践，这样的教学方式学生不认可，也不喜欢。学生们喜欢的是给自己更多空间的教师，学生们需要的是真正属于自己的课堂。

2. 心中装着学生

只有教师心中装着学生，孩子们才会用自己充满喜悦的眼神告诉你，才会用神采飞扬的智慧与灵动感动你。教师要关注学生，尊重学生的认知规律和认知过程，实现教学方式、学习方式的自然结合，实现孩子们富有情感的主动参与。在这样有意义的过程中，教师才能真正实现和孩子们共同成长。

一句"嘚啵嘚啵"的评价，已不再是令我羞愧的一页，它已成为激励我走向成熟、通向成功的起点。只有读懂学生，才能读懂课堂。我还有很长的路要走……

❤ 团队成员感悟

一句"我喜欢今天的赵老师"引发了赵老师以及许多听课教师的深深思考，一句童真的话语表露了学生对不同学习方式的真实感受。"今天的赵老师"与"以前的赵老师"代表着两种不同教学方式的对比，也代表了学生们两种学习体验的对比。这种对比不是评课者以专家视角给予的"告诫"，但却更触动内心，更加深刻。给了学生"表白"的机会，学生便为我们创造了一次成长的机会。我们常说课堂是师生共同谱写的一段生命历程，那么在这里获得成长的就不应该仅仅是学生。互动式的评课让一句简单的话语变得如此富有力量，给教师们带来共同的启发、深思与改变。

27. "真有才"与"好失落"

——评丁凤良老师执教的《圆的认识》

一、访谈背景

2009年4月,吴正宪老师带领团队成员应邀与河南省登封市的老师做现场交流。北京市海淀区中关村第一小学的丁凤良老师上了《圆的认识》一课。河南省登封市近600名教师参加了此次活动,本节课的教学效果得到与会老师的充分认可和一致认同。

在课堂上,按照原定的教学预设,丁老师将教学过程主要分为三个部分:圆的画法、圆的各部分名称、圆的特征。他将教学过程的重点环节放在了开头和结尾,即圆的画法和特征部分,圆的各部分名称起到承上启下的作用。整个教学过程的突出特点就是学生不仅能够围绕老师所提出的问题认真思考,还生成了许多精彩环节,尤其是其中的两个环节让人印象深刻。

1. 男孩"令人兴奋"的发言

在教学过程中,一个男孩逐渐引起了丁老师的注意。他已经两次准确且简单地回答出老师的问题,第三次他更是语出惊人。当老师问到"利用圆规、圆形物体、线绳和钉子三种方法画圆,哪种方法最好"时,学生多数认为用圆规画圆的方法最好。这时丁老师举例:"体育老师要在操场上画一个大圆做游戏,用小圆规还能解决问题吗?通过这个例子,你能得到什么启示?"多名学生的回答都不是老师所预设的准确答案,这时这个男孩回答道:"具体问题具体分析。"一言切中要害,丁老师发自内心地对该学生给予了充分肯定:"你的话不多,总是非常精要。"

2. 女孩"令人失望"的回答

当教学过程进入圆的各部分名称的环节时，丁老师原有的预设遇到挑战。以往的教学中，学生都能较为顺利地用自己的语言描述出什么叫圆心、半径以及直径，但今天这节课学生的回答总是稍显生涩，总是不能比较准确地概括各部分名称的要素。

当说到直径定义的时候，有学生说两端在圆上，也有学生说要过圆心，就是没有人将两者结合在一起说。老师反复引导，耐心等待，一个女孩在冥思苦想之后，果断地举起手，老师仿佛看到了救星，结果女孩声音洪亮地回答："对称轴是直径。"此时丁老师满脑子想的都是通过圆心并且两端都在圆上的线段是直径，因此他的第一反应就是这个女孩的回答离题太远，因此随口说了一句："对称轴今后我们会学到，请坐！"

课后，吴老师对学生进行了采访，学生的回答深深触动了执教的丁老师，引发了他对本节课教学过程的深刻反思。

二、场景描述

吴老师：（对男生）今天丁老师对你回答问题后的一句评价是"你的话不多，总是非常精要"，听了老师的评价后，你心里怎么想？

生：我真有才！（学生的脸上洋溢着自信的神色，全场爆发出热烈的掌声。）

吴老师：那你觉得丁老师怎么样？

生：老师更有才！（学生对教师的充分信任和崇拜之意溢于言表，全场再次爆发出热烈的掌声。）

两次掌声不仅对学生和丁老师给予了充分的肯定，也感染和打动着每一位在场的老师和学生，同时也使采访的气氛变得活跃而热烈。

吴老师：（对女生）课上当老师提问什么是直径的时候，你是怎样回答的？

生：我说对称轴就是直径。

吴老师：老师的回答是"对称轴今后我们会学到"，听后你怎样想？

生： 我好失落！（学生的语气很低沉，好像仍然沉浸在失落的情绪之中。）

吴老师把目光投向丁老师："丁老师，你如何弥补教学过程中学生的遗憾？"

丁老师考虑了一下，说："首先我向这名同学表示歉意！为了弥补这份遗憾，我在课下会将我的邮箱留给这名同学，今后我愿意随时倾听你的心声，盼望你进步的好消息！"

说到这里，吴老师、丁老师和学生，三个人的手不由自主地握在一起，三个人的眼中闪烁着泪花，此时的一切凝聚着一种力量，一种彼此理解的力量，一种彼此促进的力量。

三、授课教师反思

吴老师在和团队成员进行交流的时候，经常提到"教师一定要努力读懂学生"。读懂学生既体现在教学前的准备中，也体现在教学过程中。在教学过程中读懂学生的发言，适时适度地对学生给予评价，是教师要积累的经验、要练就的内功。读懂学生课堂发言，对学生进行评价，要强调对学生的理解与尊重、关注与激励、引导与促进。

1. 学生对教师评价的迥异感受——需铭记

我对男孩的评价是发自内心的，因为之前他的两次发言切中要害，而且是惜字如金，第三次他又以同样的方式回答问题后，我的语言中不由自主地流淌出对该生的欣赏，正是这种欣赏的情怀使我用心去评价。吴老师采访时，从学生"我真有才"的回答中，我读到了这名学生已经通过我对他的评价建立了一份自信，也读出了他的喜悦，他的情绪中涌动着一股促使他继续喜欢学习数学的动力。正像吴老师所说："这样的评价是有后劲的！"

"我好失落！"学生语气低沉的话语敲击着我的心灵。不经意间，我打击了一颗本来兴高采烈、洋溢着生命活力的童心，学生本来想得到老师的肯定，但得到的却是一盆冷水浇头，如果换位思考，被冷水浇头的是我们自己，体会如何？"失落"二字的分量是何等之重！就让"失落"的声音时刻警示自己吧。

课堂中我们面对的是一个个鲜活的生命，面对的是学生五彩斑斓的思考，我们要时刻认真倾听学生的每一句话、每一个观点，用心给予回应，不要用敷衍的套话去打发学生。我时刻告诫自己：对学生心灵的伤害是很难弥补的！为了能将对学生的影响减到最小，课后我与这位学生互留了电子邮箱。我想用这种方式保持她对数学的喜爱和关注。当她取得成绩或学习中遇到困难的时候，她可以通过邮箱与我取得联系，我和她约定有信必回。电子邮箱留给学生一份希望，留下教师对学生的一份期盼！

2. 教师对学生进行课堂评价——双刃剑

同样的内容、同样的时间、同样的教师、同样的教学过程，落实在两个学生身上为什么会收到截然相反的效果？仔细思考后，我认为最主要的原因应该是教师面对两名同学时的心态不同，导致教师的评价语言不同。我之所以对男生的回答给予了充分关注，是因为他的回答与我的预设极为一致，同时他的三次回答都切中关键点。对那位女生，因为在她之前我已经叫了几名学生回答问题，均与我的预设答案不一致，这个时候我有些急躁，导致在瞬间没有分析出学生回答的闪光点，一个好的生成性资源就浪费掉了。因此，我们教师应在教学过程中自始至终保持精神高度集中，认真倾听学生的每一句课堂发言，注意挖掘学生课堂语言背后所蕴含的教学资源，及时对学生的课堂语言进行引导和评价，这样不仅可以激发学生的学习兴趣，培养学生的自信，还可以更多地利用课堂生成性资源。

通过吴老师的点评，我懂得了细节决定学生的情感体验，感受到了读懂学生所说、所思、所做的价值，认识到了教师对学生的评价是一把双刃剑。要想正确使用好这把双刃剑，教师需要区别对待学生的发言，对符合教学预设的发言，教师要给予适时的鼓励和引导，对不符合教学预设的发言，教师尤其要细心呵护，因为此时学生的发言恰恰是生成性资源，这样的生成性资源很可能会对教学过程产生积极的推动作用，将课堂引向精彩和灵动！

❂ 团队成员感悟

教学活动的主体是学生,这一点毋庸置疑,但我们时常把重视学生的主体地位停留在课堂教学活动过程中,对课堂教学效果的评价往往忽略了学生的存在,让学生评价教师的行动跟进相对欠缺。吴老师课后马上对学生进行现场采访的方式,让团队成员深刻体会到对学生主体地位的尊重不仅仅表现在教学活动过程中,而且要延伸到课堂教学活动之外,评价课堂教学效果需要关注来自学生的声音。

正是通过对学生上课后的现场采访,上课教师第一时间了解到了学生上课后的真实想法,这种将学生的课堂学习需求与教师教学活动实施过程进行对接的方式对老师的触动很大。在今后的日常教学过程中,老师们自己或团队协作也可以尝试运用课后采访学生的办法,及时调整自己的教学活动设计,促使自己的教学更具实效。

正像吴正宪老师在评课结束时所说的一句话,"学生会告诉你怎样做教师",这句话一直萦绕在我们的耳边,一直撞击着我们的心灵。是啊,没有学生就没有课堂,没有对学生的尊重就没有焕发生命活力的课堂。让我们用心去聆听来自学生的声音吧,学生会告诉我们怎样做教师。

28. "您怎么知道我的知道"
——评张继青老师执教的《用字母表示数》

一、访谈背景

2009年9月23日，吴正宪小学数学教师工作站走进了北京市房山区良乡行宫园学校，张继青老师执教了《用字母表示数》一课，整节课进展得很顺利，学生学习过程也较为轻松。当教学进行到例题讲解部分的时候，大屏幕上出现了很多只青蛙。张老师请学生续编儿歌：（　）只青蛙，（　）张嘴，（　）只眼睛，（　）条腿。

汇报的时候，一名男生的答案如下："n 只青蛙，n 张嘴，n 只眼睛，n 条腿。"

张老师及时反问道："如果 n 表示 1，那么不就成了 1 只青蛙，1 张嘴，1 只眼睛，1 条腿了吗？"全班哄堂大笑，这名男生眉头紧锁，脸上一点表情也没有，丝毫没有顿悟的意思。

为了不影响教学进度，张老师继续请其他学生发言，后面孩子的发言具体、准确，回答的与正确答案基本一致：$2n$、$4n$ 既可以表示出眼睛和腿的数量，又可以表示出它们与青蛙只数的关系。

课后，吴老师按照惯例对学生进行了访谈。在整个活动中，给张老师留下最深刻印象的正是课后的互动式评课。为什么同一名学生，面对不同的老师会有不同的表现？在经过认真反思之后，张老师找到了答案。

二、场景描述

课堂教学部分结束之后，吴老师面带微笑走到学生面前。

吴老师：n 只青蛙，n 张嘴，n 只眼睛，n 条腿，可不可以？

生：不行，因为青蛙的眼睛是青蛙只数的 2 倍，腿是只数的 4 倍。

吴老师：可不可以这样想，表示青蛙只数时 n 就是 1，表示眼睛时 n 就是 2……

生：不行！

吴老师：怎么就不行？n 可以代表任意的数，怎么到吴老师这儿就不行了？我就想 n 表示青蛙只数时 n 就是 1，表示眼睛时 n 就是 2，表示腿时 n 就是 4。

此时，课上答"n 只青蛙，n 张嘴，n 只眼睛，n 条腿"的男生频频点头，似乎在表示终于有人理解了他的想法，紧锁的眉头渐渐舒展开了。

生：这样不行，应该让大家都知道才行！

吴老师：怎样才能让别人知道字母表达的意思是什么？

生：数量关系要表达清楚，才能让别人知道。

吴老师：大家理解的意思一致时，交流才方便！不能是你的你知道，我的我知道，要让大家都知道。数学无国界，这样的式子无论是黑皮肤、白皮肤还是黄皮肤的人都能知道。

三、授课教师反思

"为什么同一名学生，面对不同的老师会有不同的表现？为什么吴老师就知道学生的'想法'，而我却没能准确理解学生的'知道'？"这是吴老师对学生进行的课后互动式评课带给我的触动和思考，为此，我进行了深入的反思。

首先，吴老师与学生交流和沟通的语言、体态让学生易于接受，这种接受是发自学生内心深处的认同。吴老师充分利用课堂中男生汇报的答案开始进行访谈，学生没有距离感，学生心灵的闸门不断开启，智慧的火花不断点燃！吴老师一句装糊涂的语言，让孩子袒露了思维过程。在与学生交流和沟通上，我还需要进一步改善和提高。

其次，我还要加强对教材的深入挖掘，对课程标准的深入理解。在进行教学设计的过程中，我总觉得让学生知道含有字母的式子既能表示数量又能表示数量关系就够了，没有预设到让学生理解字母表示数量关系的价值和意义，这也正是男生将"字母可以表示任意数量"含义理解错的原因所在。吴老师一句"不能是你的你知道，我的我知道，要让大家都知道"，既解决了男生的困惑，又进一步挖掘出数学是人与人交流工具的深刻内涵。

最后，要关注在数学课堂学习中学生对数学的情感培养。短短几分钟的课后访谈增强了学生的自尊和自信，激发了学生思考的热情和继续学习数学的欲望。看来数学情感就像一对隐形的翅膀，能给予孩子发展的动力。作为教师，我们要在课堂中倾听学生的声音，在师生对话中挖掘数学知识本身的内在价值与情感，这样才能感染学生，激励学生，使学生得到发展。

下课后，得到吴老师理解的男生，欣喜地走到吴老师面前，高兴地问道："您怎么知道我的知道？您真了不起！"看到这名男生在吴老师面前如此兴高采烈，回想我上课时他紧锁眉头，我暗下决心：一定要做"知道学生的知道"的教师！要做到这一点，还有很长的路要走，但我会始终坚持朝这个目标努力。

◆ 团队成员感悟

吴老师用鲜活的案例向我们诠释了"读懂学生"的价值与魅力。在这样的互动式评课中，吴老师"评"的不仅仅是教师的教学设计，还有教师读懂学生的意识和能力。在学生的眼中，吴老师总是那样"善解人意"，她能透过不准确、不全面，甚至是不正确的答案，看到学生思维中的"合理""闪光"和"创造"。

互动式评课让我们感受到了吴老师的这种"透视"能力，因此也触动了我们对"读懂学生"和"把握生成"意识的培养以及能力的锤炼。我们相信，这份触动会变成新的"善解人意"。

29. "又矮又胖的不是圆柱"
——评杨静老师执教的《认识图形》

一、访谈背景

2008年11月,北京市大兴区第八小学与联谊学校进行课堂教学交流活动,大兴八小的杨静老师执教了《认识图形》一课,吴正宪工作站团队成员也参加了此次活动。

《认识图形》一课是在一年级学生刚入学不久的时候进行的。一上课,杨老师带领孩子们将收集到的各种形状的物体进行分类,组织学生展示分类情况并说明理由。之后,杨老师和学生一起分别认识长方体、正方体、圆柱和球。在学生认识了长方体、正方体后,杨老师问学生:"你们为什么只把球放进小筐里,而不把圆柱放进去?"希望以此引出学生对"圆柱"和"球"的认识。

学生饶有兴趣地操作着

生:圆球会滚,圆柱竖着放就不会到处乱跑。

生：圆柱有两个面是平平的，球就没有。
生：圆柱只有在放倒时才能滚，球是可以向任意角度滚动的。

没想到学生一下子就找到了圆柱体和球体的不同点。"请同学们把小篮里的圆柱举起来。"在老师的要求下，学生准确地找到了那个又细又高的家伙，然后高高举起，课堂教学过程进行得非常顺利。练习环节，学生轻而易举地将生活中的物品和相应的形状连线，在图片中轻松地找出了"罗马柱"是圆柱体。接着，孩子们又用手中不同形状的物体搭出了未来超市、大楼、学校、坦克……课堂上不时传出孩子们的笑声。

在学生的欢笑声中，这节课"顺利"地结束了。

二、场景描述

下课了，吴老师走上讲台，微笑着举起两个同为圆柱形状但又不同的物体：一个是又矮又胖的月饼盒，一个是又高又瘦的薯片桶。看着吴老师手上两个不同的圆柱体，杨老师的心一下子提了起来，上完课后的"轻松愉悦"立刻被"如坐针毡"取代。

吴老师和蔼地问学生：谁告诉我，你都学会了什么？
生：我知道了水立方是长方体，不是正方体。
生：我知道了茶叶桶是圆柱体。
……

听了学生兴奋的发言，吴老师微笑地点头。然后，吴老师举起"又高又瘦"的薯片桶问："你们说这是什么形状？"学生整齐地回答："圆柱。"

"那这个又是什么形状？"吴老师举起了"又矮又胖"的月饼盒。此时杨老师已经意识到学生被吴老师轻松地带入了"陷阱"。

教室里一时间陷入沉默……

一名学生壮着胆子举起手："这个物体也是圆柱吧。"

话音未落，另一名学生立即反驳："不是圆柱，圆柱又高又瘦，它太胖了！"

"对，太胖了，不是圆柱。"更多孩子附和道。

三、授课教师反思

虽然吴老师仅仅与学生进行了短短几分钟的交流，但对我的触动却是从教七年来从未有过的，学生回答的每一句话都令我久久不能释怀。吴老师与学生的简短交流时常提醒我，要将这种感受用笔记录下来，同时记在自己的内心深处。

我重新审视自己的教学过程，备课前我研读课标、查阅资料、准备课件……似乎做了所有该做的一切，却忽略了非常重要的一点——教具和学具的准备。教具和学具是学生积极参与学习过程、充分体验探究过程的载体。根据学生的已有经验，科学、合理地使用教具和学具是数学课的重要环节，本节课之所以留下了"胖圆柱"的遗憾，正是因为教具和学具的准备过于单一。

教具和学具的准备需要教师站在学生的视角来选取，教师也可以亲手操作、体验教具和学具，在操作的过程中了解、发现教具的特点，找出不足，同时也可能会发现惊喜。这节课还反映出我利用教学资源的意识不足。教具和学具是课堂重要的教学资源，资源准备充分将有利于学生学习知识、发现规律和解决问题，学生学习效果依赖于教师对教学资源的精心准备，以及对教学资源的综合利用。

感谢吴老师对学生的现场采访，正是这段采访让我明确了自己教学过程中存在的问题。这样的"被解剖"让我对课堂存在的瑕疵认识更深刻，思考更清晰。

❤ 团队成员感悟

吴老师在听课中准确地发现了课堂教学中的问题，并通过课后互动式评课将其传递给教师们。评课的起点和归宿都是指向学生课堂学习的改善，从杨老师的反思中可以看出吴老师的互动式评课成为促进教师专业成长的有效途径之一。这样的评课不仅仅是为了评价教学，更是为了引发教师主动反思，进而自主地改变课堂教学设计，提升专业水平。

访谈中，参与对话的看似只有吴老师和学生们，其实授课教师、听课教师也都参与其中，老师们在自己与他人的课堂对比中彼此对话，在今天与以往的课堂对比中彼此对话，这样的对话带来的是思想的碰撞，它将成为教师专业成长的重要推动力。

30. "乘就乘吧,为什么还要加呢"
——评李海艳老师执教的《两位数乘三位数的乘法》

一、访谈背景

2008年10月8日,吴正宪工作站小学数学教师团队走进北京市怀柔区,走进了农村数学教师的课堂,开展了"教师要勇敢地退下来,适时地走进来"的主题研修活动。在这次活动中,北京市怀柔区第三小学的李海艳老师执教了《两位数乘三位数的乘法》一课。这节课是在学生学习了两位数乘两位数以及多位数乘一位数乘法的基础上进行教学的。因此本节课主要运用知识的迁移使学生理解两位数乘三位数的算理,掌握两位数乘三位数的笔算方法。

在这节课上,李老师主要设计了以下环节:创设情境,探究新知;实践运用,体验价值;灵活训练,拓宽视角。

在"创设情境,探究新知"这个环节中,教师首先出示问题:天安门广场摆了14个花坛,每个花坛摆了198盆花,园林工人一共摆了多少盆花?

师:请同学们独立尝试解决这个问题,然后全班交流。

生:要求一共摆了多少盆花,就是求14个198是多少,用198×14。

生:200×14-2×14=2800-28=2772,结果是2772盆花。

生:198×10=1980,198×4=792,1980+792=2772,一共摆了2772盆花。

生:竖式计算。

```
      1 9 8
  ×     1 4
  ─────────
      7 9 2
    1 9 8
  ─────────
    2 7 7 2
```

生指着竖式说：4个198得792个一，10个198得198个十。

生：我给这位同学补充下，正是因为10个198得198个十，所以8要和十位对齐。

……

课堂上学生回答准确，学生之间互动、交流充分。

二、场景描述

随着下课的铃声响起，吴正宪老师走到了学生中间，对学生进行了课后的现场采访。

吴老师：通过这节课的学习，你有哪些感受？

生：明明学的是乘法，为什么在竖式中要用加法？

吴老师：对呀，乘就乘吧，为什么还要加呢？

学生们你看看我，我看看你，谁都不说话。终于一个学生站起来发表了自己的看法。

生：不相加就不是14个198了。

吴老师：为什么不是14个198了呢？

生：4乘198得792，10乘198得1980，合起来才是14个198，如果不相加的话，就得不出最后的结果了。

生：这是因为把14分解成10和4了，然后分别和198相乘，加在一起才可以得出最后的结果。

吴老师：靠谱了，我差不多听明白了。

生：老师您看——

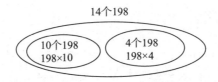

198×14 = 198×10+198×4。

吴老师：听了你这样的解释后，我明白了。

三、授课教师反思

听了吴老师对学生的访谈，我有以下两点感受。

1. 以理"服人"

新课程背景下的计算教学不再是传统意义上的机械计算的教学，而更加注重体现计算的背景，即情境，这有助于学生理解计算的意义和价值。融计算于情境中，能使计算不再枯燥，同时也有助于学生更具体地理解"为什么算"和"为什么这样算"。此外，对算理的研究是为了更好地掌握算法，有效的计算教学要让学生在掌握方法的同时理解算理，做到"知其然，也知其所以然"。儿童的认知心理特征对数学学习的要求是直观、形象，而计算方法通常是抽象的操作性结论，因此，教师要用学生能够理解的方式，将"法"与"理"有效沟通，这样才是针对学生特点、符合学生需求的教学。

2. 教师要适时"进""退"

在传统的课堂中，教师占有绝对的主导地位，课堂交流也常常是"由师到生"单向的交流。其实，在现代教学理念中，学生也是有效的课程资源，尤其是学生的课堂生成。要想挖掘并发挥好这部分资源的价值，教师应适时地"退"下来，把空间和平台留给学生，让学生有机会独立思考，主动尝试，自主交流和探索发现。教师不做单纯的讲授者，而成为学生学习的组织者和指导者，这样学生才能成为数学学习的主人。教师应充分相信学生的创造力，才有可能创设精彩的课堂。这节课如果我"退"得更彻底些，学生就会站出来，"理亏"也就不复存在，随之而来的将会是学生们一个又一个精彩的生成。

◯ 团队成员感悟

在这节课的课后互动式评课中，吴老师的问题直指本节课的目标定位。访谈中，吴老师精准的问题和学生们的"沉默"将本课中学生对算理理解的水平呈现在了大家的面前。这样的评课不仅仅是对教学设计与实施效果的"评"和"议"，更起到了"验收"与"反馈"的作用。

吴老师通过互动评课不仅仅让孩子们的"理亏"暴露出来，也通过简短的交流帮学生们补上了算理认识上的"亏空"。这样的评课效果离不开吴老师对课堂问题的及时诊断，以及对课堂语言的巧妙设计，而这些都需要教师对教学内容有准确的把握和深刻的理解。

31. "我怎么就数错了呢"

——评祝薇老师执教的《平移和旋转》

一、访谈背景

2008年5月30日吴正宪小学数学教师团队"聚焦课堂,关注农村教师专业成长"主题研修活动在北京市大兴区庞各庄第二中心小学进行。在这次活动中,庞各庄第二中心小学刚刚参加工作三年的祝薇老师执教了《平移和旋转》一课。

在这节课上,祝老师通过组织学生观察、分类、模仿、小组交流等学习方式,使学生理解了平移的意义,掌握了计算一个平面图形平移格数的方法。课堂上学生在教师的引导下,积极探究,踊跃参与。

在计算平面图形平移格数这一环节,老师创设了学生喜欢的情境:小鸭和小鱼是怎样平移的?小鸭本身占一格,这样的平移对学生来说一目了然,大家都非常自信地说出平移了几格。

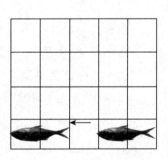

然而小鱼就不同了,它本身就占了两格。老师故意没有引导学生,想让他们自己去发现。

师:谁想说一说小鱼平移了几格?

生:平移了两格。

师:谁能帮帮他?

生:平移了一格。

生:数错了。(小声地嘟囔)

师：为什么数错了？同桌讨论一下。

学生们七嘴八舌地讨论起来，最终还是坚持自己的方法是对的。

于是，教师耐心地引导学生观察：请看着小鱼的头或者小鱼的尾，一格一格的，再数一数。有些学生似乎听懂了，但是大部分学生的表情仍旧迷茫。

最终教师用课件演示后，学生才明白：哦，原来是这样啊。

二、场景描述

课后，吴正宪老师微笑着走上讲台，与同学们进行亲切的课后访谈。

吴老师：老师出个题，看看谁最聪明。一列火车有100米，一座桥有800米。火车过了桥之后，火车平移了多少米？

许多学生争先恐后地回答：800米。

吴老师"刷刷"几笔在黑板上画了几个方格，并且用学生喜欢的长颈鹿作为教学资源。

吴老师：长颈鹿平移了几个格？

生：三格。

生：四格。

生：两格。

同学们各执己见，每个人都那么焦急但是又充满自信。

吴老师把几名同学叫到黑板前，用白纸做了一个简单的教具，交给其中一个同学说："你来试一试。"

吴老师：现在平移了几格？

生：两格。

吴老师：你看见了吧？平移了几格？

简单的教具，使课堂充满笑声

生： 数错了，不应该整个移。（又是声音极小地嘟囔着）

吴老师： 那应该怎样平移呢？你来试试吧。

吴老师用信任的眼神，微笑着鼓励这个孩子。然后，吴老师抱起这名同学，让他亲手在黑板上移动着"长颈鹿"。课堂气氛顿时又活跃起来，同学们个个跃跃欲试。

吴老师： 你现在觉得呢？

生： 嗯，这样就对了。应该找个固定的点，固定点向前移动一格就是整体移动了一格，固定点移动几格就是整体移动了几格。（终于在动手操作中找到了答案，孩子显得特别兴奋。）

吴老师： 你现在什么心情？（吴老师转身询问刚才回答得很自信的学生）

生： 唉，我怎么就数错了呢？（此时他的脸上有获得知识的欣喜，也有数错后的反思。）

吴老师：（继续追问）那你现在知道火车平移了多少米吗？

生： 当然知道了，我用车头做标准，车头整体移动了 800 米，再加上 100 米，是 900 米。

三、授课教师反思

在课堂上，当连续几个学生回答小鱼平移几格都出错时，其实暴露出了这节课的缺憾——学生并没有真的掌握计算平移格数的方法。当时，我有点焦虑，但只是继续耐心地讲解，后来又利用课件演示，但这些方法似乎并没有让学生彻底明白。

当吴老师与学生互动式评课时，看到吴老师抱起同学，让他亲手在黑板上移动"长颈鹿"，我恍然大悟："我怎么就没想到直观操作呢？"

一个学生喜欢的情境，一个简单的教具，一个小小的动作，就使学生理解了平移的格数。吴老师对待学生是那么的亲切，她的循循善诱让学生体会到了学习的乐趣。

针对我的这节课，吴老师评价说："其实老师讲得挺清楚的，找鱼头，看移动点，非常到位，很科学。但是，为什么学生这样移和那样移不一样呢？"她边说边利用图片演示，"注意强调数格的问题，'鱼眼'是定点。找好对应点，一格一格地平移。同学们意见不一致没关系，让大家都来画一画，动手移一移。要让学生真移动，真操作。"

"学生怎么会数错格子？"我一直在默默地问自己。听了吴老师的点评，我豁然开朗——让学生都来画一画，动手移一移。实践出真知，只有让学生动手操作，他们才能真正理解平移的意义。当初我怕不好操作，图省事，忽视了学生的体验，剥夺了学生自主探究的权利。在教学中，我们应该让学生动手试一试，亲身经历一下平移的过程。

吴老师还说："在美国华盛顿一家图书馆的墙上有这样三句话：我听见了，就忘记了；我看见了，就记住了；我做过了，就理解了。如果学生真的去移动了，移动过程中他就会发现问题，在问题中接受知识，也就容易记住了。"吴老师的话深深触动了我，我明白了实践是最好的老师，我们要让学生在实践中感知，在感知中发展，在发展中提升数学素养。

团队成员感悟

吴老师精彩的互动评课引发了老师们热烈的讨论。同样的学生，同样的内容，换了一位老师，换了一种方式，孩子们脸上的"迷茫"就变成了"豁然开朗"。这种变化不仅仅给年轻的祝老师留下了深刻的印象，也给许多听课老师带来深深的思考。

在教学研讨活动中，吴老师总能够在上完课的第一时间走上讲台，以清晰的思路、生动的方式、准确的语言将评课转化为一段生动的师生对话。这段对话时而引得满场欢笑，时而引得老师们锁眉深思……生动源于互动评课的生成性，而精彩则源于吴老师数学教育思想的深刻性。

32. 课堂上的场外追问
——评刘祖文老师执教的《可能性》

一、访谈背景

2009年8月23日，吴老师和团队成员一起，听了山东省济南市济北小学刘祖文老师执教的一节《可能性》。刘老师教态自然，极具亲和力，一看就知道是有"学生缘"的老师。课上，他设计了几个不同层次的游戏，让学生通过游戏感受事件发生的可能性。其中一个是转盘，转到哪里，就赢得相应的玩具。这调动起了学生的兴趣和参与热情，整个课堂气氛热烈。

团队教师在进行场外追问

老师在台上提问，学生在下面回答，北京市第二实验小学的刘劲苓老师的注意力也被师生的一问一答吸引着，不由自主地自言自语道："要是再追问一句就更好了。"身旁的吴正宪老师一听，马上站起来，和蔼地说："刘老师，我们能问学生一个问题吗？"刘老师欣然同意，吴老师回头便对刘劲苓说："劲苓，你来问。"

二、场景描述

【追问一】

执教教师：（边演示边提问）昨天我在家转了80次，你们猜猜可能有几次出现红、几次出现黄、几次出现白。

生：红色出现30次，黄色出现20次，绿色出现30次。

生：我也这样认为。

生：我也这样认为。

执教教师： 都是这样认为的吗？

生：（齐）对！

课堂上出现了整齐划一的答案，这正是执教老师追求的效果。而在一边旁听的刘劲苓老师认为这正是教师对"概率"问题的本质认识出现了偏差，导致学生表层地、片面地认识"概率"。若此时放弃对现场生成问题的处理，就会失去一个对概率深入理解的好时机。

因此，在这个"节骨眼"上，刘劲苓老师发问：一定是30、20、30吗？一些学生坚定地点头。刘劲苓老师接着追问："一定会是这样的结果吗？"突然，一个学生站起来说："不一定！有可能是30、20、30，但也有可能不是。"刘劲苓老师继续追问："为什么？"此时，课堂上热闹起来，同学们似乎有所感悟，纷纷举手，于是出现了其他答案：可能是10、30、40，可能是20、30、30。

面对学生的回答，场外的吴老师和刘劲苓老师都面露惊喜，从心底庆幸有这一追问的过程。刘劲苓老师提示学生："30、20、30只是一种可能出现的结果，在实际操作中还会出现其他情况，只不过这种结果和其他结果相比，出现的几率大。"

此时的学生，会心地微笑着，执教教师也若有所思地点头。

【追问二】

执教教师创设了"比大小"游戏，现场把学生分成两大组，要求每组选派一名代表从0到9的九张卡片中抽出一张，自由选择放在个位或十位，哪组组成的数大，哪组就赢。

第一组学生抽出4放在了个位，第二组抽出5，也放在了个位。第一组学生继续抽，抽出3，该小组的同学发出"唉"的叹息声，十分气馁。执教教师一笑，示意学生继续抽。

执教教师没有听到学生的叹息吗？不是！是没有在短时间内及时做出反应。可是，"旁观者清"，听课的吴老师和刘劲苓老师听出了学生的叹息中有

"话"。源自学生的资源,不能让它"掉到地上",于是刘劲苓老师立刻追问学生:从你们的叹息声中我听出了遗憾,不过不要气馁,仔细想一想,抽出3就一定输吗?

课堂里安静极了,学生们在认真思考。

执教教师在这突如其来的追问下,不但没有慌,反而镇静地继续追问:"他们组抽出什么,你们就能赢?"

生: 2 或 1。

生:(极其兴奋地说)0 也行!

执教教师: 抽出 2,有多大可能?1 呢?

生:(齐答)九分之一。

【追问三】

第一次抽牌,第一组学生抽出了 1 张牌放在了个位,第二次抽牌的时候,还没等第一组的代表走到前面,第一组的学生就齐声呼喊:"抽9!抽9!"把他们的美好期望寄托在这一次的较量上。面对如此热闹的场面,执教教师感到了情境创设的成功,学生的积极性已经极大地被调动起来。也许是不想破坏这热烈的场面,执教教师没有问为什么,就示意学生继续抽。

多好的生成性资源!正是由于学生对游戏规则的了解、对数学的理解,才会有如此的期望,想走捷径直通成功的顶点。

吴老师: 你们希望抽到 9,我非常理解。但是想过没有,抽到 9 的可能性有多大?

生: 九分之一。

吴老师: 是的。机会比较小,期望值不要过高啊!但是有可能,为什么?

生: 因为每个数都有可能被抽到,它们的机会是均等的。

【追问四】

第一组用抽到的数组成了 98,此时第二组的个位是 7,还没有抽十位上的数。

执教教师示意第二组不用抽了,问道:"哪组赢了?"(第一组学生欢呼),但是第二组学生站起来反对,坚持要抽。

场外的刘劲苓老师追问:"如果仅仅为了比出胜负,还要不要抽?"

第二组的一个学生回答:"不要抽了,不管我们抽到几,我们都是输。"

第二组的另一个学生立刻站起来回答:"要抽!"

刘老师继续问:"抽的意义是什么?"

学生回答:"支持我们的精神!"

场外所有教师鼓掌。

执教教师"顺应民意",示意第二组学生继续抽,结果抽出的是9。第二组学生随即齐声欢呼,一个学生高喊:"只差1,输得不惨!"

全场报以热烈的掌声。

三、授课教师反思

从上面追问的各个片段中,我们不难看出,场外的即时追问把即将"溜"走的重要资源追了回来,并放大、加工,重新校正了学生对问题的认识方向,执教教师和场外听课教师们的一唱一和,弥补了教学空白,减少了教后的遗憾,同时也促进了教师自身的提问、理答、追问等教学技能的提升。课后,吴老师感慨道:"场外追问是积极的互动过程,而这个过程是一路成全他人的过程。"

1. 成全学生——课堂生成性资源得到充分挖掘

调动各种积极要素,充分挖掘课堂信息资源,并使其效益最大化,是所有教师教学中的期待与追求。一堂课犹如一座蕴藏丰厚的富矿,开发得越充分,为学生所用的信息就越多,学生就越有收获。场外即时追问就如采矿一样,开采深一点就多一些信息。在上述"追问一"中,当授课教师提出问题、学生给出答案后,其他学生便随声附和,缺少"不同的声音"。这时其他教师及时出现,进行场外追问,便点出了一个被师生忽略了的知识点,启发了学生的思维,引导学生顺着追问的思路进行深入思考,大胆质疑,勇于发出不同声音,收到了很好的课堂效果。相反,如果没有其他教师的追问,授课教师在备课时又恰恰忽略了追问的那部分内容,那么这一内容就白白在课堂中流失掉了,这对学生来说无疑是个重大的损失。难怪现场听课的一位教师说:"场外即时追问是课堂教学的一种有效的补救措施,能使课堂更加完美。"

2. 成全授课教师——难得的现场指导

大多数教师都梦想把自己的每堂课准备得完美无缺,然而,由于教学经验各不相同,知识结构和认识问题的能力存在差异等,每位老师备课不可避免地会存在一定的差别,有的质量可能会高些,有的可能会低些,要真正做到尽善尽美并非易事。因此,我们要多开展研修活动,群策群力、集思广益,依靠集体的智慧就教学中的某一具体问题进行深入研究、剖析。场外即时追问在一定意义上可以起到研修活动的作用。现场追问是向学生提问题,在引导学生思考的同时,实际上也弥补了授课教师在课程准备中的缺漏或不足,帮助其认识到备课中出现的问题,进而增长教学经验。上完这节课后,我写了一篇反思——《我出汗了》,文中写出了收获的快乐——得知了授课有哪些不足,症结在哪里,下次备课时如何避免。对我来说这是一次难得的现场指导。

◎ 团队成员感悟

本节课的互动访谈使我们认识到:恰到好处的追问,可以起到拾遗补缺的作用;追问不当,可能就会影响授课老师的节奏,分散学生的注意力,甚至打乱课堂秩序。因此,对于老师来说,提出什么样的问题、什么时候提问题、如何提出问题等,都需要进行认真思考并谨慎处理和把握。

追问的老师必须十分熟悉课堂讲授的内容及教学要求,并对此有透彻的分析和独到的见解,同时还要有较丰富的教学经验及良好的驾驭课堂能力,这样才有可能使追问恰到好处。然而这对老师来说是比较高的业务要求,只有平时勤学苦练,才能做到这一步。任何一名教师尤其是年轻教师,多参加类似的课堂追问活动,无疑是很好的自我锻炼、自我提高的机会,对于提高理解教材、备课授课、驾驭课堂等各方面的教学能力会有极大的促进作用,正所谓"追问只需几分钟,课下得练几年功"!

33. "数学知识其实就是换汤不换药"
——评刘文波老师执教的《比例尺的应用》

一、访谈背景

2009年3月11日,北京教科院基础教育教学研究中心的吴正宪、范存丽、贾福录三位老师来到门头沟区进行教学视导。大峪第一小学的市级骨干教师刘文波以《比例尺的应用》一课代表全区小学数学学科在总结会上做展示汇报。

本节课是在学生认识了比例尺、理解了图上距离和实际距离之间的关系之后进行教学的。市、区政府为改善百姓的居住环境,要进行"棚户区"改造,大峪一小校园南面就是即将改造的棚户区,这样校园可以向南延长一部分。为此教师设计了以下三个教学环节。

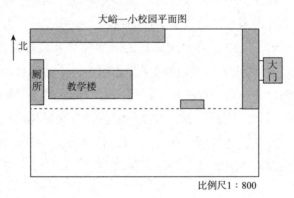

1. 展示信息,请学生提出几个最为关注的问题。(如:向南延长多少米?扩建后校园面积有多大?如何规划?)

2. 利用学校原有平面图上提供的数据以及校园要向南延长 40 米的信息，完成扩建后校园的平面图。

3. 独立尝试解决自己提出的两个问题。

学生量出扩建后校园平面图的长和宽分别是 15 厘米，在解决第二个问题时，出现了四种算法：

① $12.5 \times 15 \times 800$

② $(12.5 \times 800) \times (15 \times 800)$

③ $12.5 \times 15 \div \dfrac{1}{800}$

④ $(12.5 \div \dfrac{1}{800}) \times (15 \div \dfrac{1}{800})$

生：①、③是错的，②、④是对的。

生：方法①是我的做法，用图上的长×图上的宽＝图上的面积，再用图上的面积×800＝实际的面积。顺理成章！

生：嗯，我觉得也挺有道理。

生：我觉得这样做真简单。

教师皱起了眉头：错的怎么把对的给说服了？这可怎么办？而且教学时间也有些紧张了。这时有学生高高举着手，教师不得不让学生接着说。

生：这些方法都可以，只是有的繁琐，有的简洁。我认为只要思路正确就可以。

生：我要提醒大家，比例尺表示的是图上距离与实际距离的比，是长度的比，不是面积的比。

一部分学生点头，一部分学生情不自禁地说出"噢"。教师此时如释重负，笑容重新回到脸上。

二、场景描述

课后，吴老师走到了学生中间进行现场采访。别开生面的访谈使在场的每一位老师有了一个回顾课堂、读懂学生的机会，也引发了大家的深入思考。

吴老师： 比例尺的应用就课上这点儿吗？只能画学校的平面图时用吗？

生：（争先恐后地）不是。建筑、画地图、做模型等都要用。

吴老师： 比例尺到底是管长度还是管面积？

生： 比例尺是管长度的，所以先求图上面积再乘比例尺是不可以的。

吴老师： 除了这样去证明，还有没有更独特的证明方法？譬如说，你先用图上长度除以比例尺，再用图上面积除以比例尺，你看看一样不一样，为什么？大家回去想。（孩子们眼前一亮）

吴老师： 通过争论我们已经知道，正确的方法是图上的长和宽分别除以比例尺，或图上的长和宽分别扩大800倍，然后再根据实际的长和宽求面积。刚才同学还提出来，我们做模型的时候，比如做教学楼的模型时，需要用泡沫板，我们还要关注教学楼的体积，就是那个泡沫板做的模型也要符合比例尺，你说那个时候会遇到什么新的问题？

生： 体积的比例尺。表面积和长度的比例尺是不一样的，表面积的比例尺是长度比例尺的平方。体积比例尺就应该是长度比例尺的立方。这是"以此类推的问题"，数学中好多东西不都是以此类推的吗？我希望这种有挑战性的问题多一些。（全场爆发出雷鸣般的掌声）

吴老师： 最后是学习方法的问题，比如今天让刘老师讲给你们听就行了，怎么非要自己提问题、自己解决问题呢？根据图上距离比实际距离等于比例尺的关系，图距等于实距乘比例尺，实距等于图距除以比例尺，这就是三量关系。老师让你们记住三量关系，讲讲不是就可以了吗？可今天非让你们自己先试试，结果你们还出错。要是我，我就不这样上，就让你们大量地做练习。

生： 如果老师告诉我们关系式，我有一天会忘记，如果自己钻研的话，忘了还能再创造出来。

生： 学知识不能学死了，方法不是唯一的，关系式可以自己重新创造一个。没准儿比书上的还好呢！（全场报以热烈的掌声）

生： 大家方法不一样时，老师没有告诉我们到底谁对谁错，而是让我们去争论。同学的发言使我一下子就知道了，比例尺管的是长度而不是管面积。我真的认识比例尺了。这就是我不理解概念的结果，这一跤摔得疼，我再也不会忘了。（在座老师不约而同地笑出了声）

生：（意味深长地）数学知识其实就是换汤不换药，掌握研究方法最重要。用身边的事情研究，有了兴趣，再经历研究的过程就能真正理解知识，就能得心应手地应用。（在场老师报以长时间的掌声）

三、授课教师反思

1. 有意的设计，意外的忽略

吴老师用短短几分钟的对话告诉我们，在用数学知识解决实际问题的时候，除了要对所学知识正确理解与应用，还应从结果是否符合实际情况的角度真正体会数学的应用价值。教师在这里只需花费几分钟的时间，学生们就有机会体会到这一点。显然，$150000cm^2=15m^2$ 不可能是校园的面积，这是一个多么好的素材呀！我却因为怕耽误时间而把它给忽略了。不是自己不懂得利用这一生成性资源，而是我的关注点出了问题。我想得更多的是完成教学任务，却忽略了对学生、对数学学习的真正关注。

2. 无意的等待，意外的收获

吴老师常说："要等待！要允许学生犯错误！"在课堂上我却因为学生出现错误而暗自着急，也曾差点按捺不住性子而"亲自出马"，但正是因为我不经意的迟疑给了孩子们争论的机会。起初有些茫然的我，随着孩子们的争论，有了一种"拨云见日"的感觉。吴老师的课后访谈使我更明白这次无意间的等待给孩子们留下了什么。学生们收获了，我也收获了。

3. 处理好教学进度与过程体验的关系

我觉得教学进度和过程体验总是不能兼顾。要进度，体验不充分；体验充分，又会影响进度。

以往都是由听课老师来评课，现在由学生来评课，这使我们惊喜地发现：课堂上让学生有过程的体验太重要了。一时的对与错没关系，重要的是在对与错的背后，能给孩子们哪些启迪。表面上的费时，可能会使学生终身受益，也就是大家常说的"磨刀不误砍柴工"。张铁道博士曾说："课堂教学要像画国画，画国画要留白，课堂教学也要给学生参与教学建构过程的空间。"以一个知识点为载体，学生经历了亲自探究与体验的过程，获得的是数学研究方法，品到的是数学思想，领悟到的是数学学习的真谛，比如学生说："数学中好多东西不都是以此类推的吗？""数学知识其实就是换汤不换药，掌握研究方法最重要。"

4. 处理好教学内容和教学目标的关系

教学内容固然要完成，但这却不是教学目标。这些内容所承载的学习方法、数学思想、情感体验是更重要的，其影响也是更加长远的。学生可能会忘掉一个结论，但是永远不会忘记探究的过程。同样，课后师生之间的谈话内容绝不是就题论题，而是让我们亲身经历了顿悟—深刻反思—应用于实践的过程。

团队成员感悟

吴老师与学生的互动式评课，再次引发了教师们对课堂生成的思考与探讨。教学是一门处理预设与生成的艺术。教学素材的筛选、教学环节的设计、教学方式的选择都离不开教师的精心预设，这些都将成为课堂上不可或缺的教育资源。而课堂上学生们遇到的问题、展开的争论、产生的疑惑，甚至提出的疑问，也都是课堂生成的宝贵资源，同样需要教师给予关注，给予回应，只有这样，课堂才能成为师生对话与交流的空间。教育的对象是富有活力的个体，他们有活跃的思维和敏锐的好奇心，课堂上教师要给学生留有经历的机会、思考的时间和发现的空间，这样才更有助于学生在学会知识的同时，学会方法，学会学习。

34. "老师让我们帮他解决问题"
——评李继东老师执教的《购物中的数学》

一、访谈背景

北京教科院基础教育教学研究中心于2007年11月26日在北京市通州区第一实验小学隆重召开了"吴正宪小学数学教师工作站通州行——小学数学解决问题策略的研究"专题研讨会。活动中通州区官园小学的李继东执教了《购物中的数学》，这节课的主要内容是"解决问题"。与会的300余位专家、领导和教师共同听了这节课。

二、场景描述

《购物中的数学》教学结束了，吴老师面带微笑走到学生中间，开始了对学生的现场访谈。

吴老师： 刚才听了一节你们非常投入的数学课，现在我有几个问题想和大家现场互动一下，你们可以有感而发。

第一个问题，这样的数学课你们喜欢吗？这样的老师你们喜欢吗？为什么？

生： 我喜欢这节数学课！老师把我们当成朋友，我们也专心投入地去听课。

吴老师： 老师把你当成朋友，你怎么看出来的？

生： 老师让我们帮他解决问题。

吴老师： 噢，这样，老师就跟你怎么样了？

生： 平等了。

吴老师：看来你是个感情挺细腻的小伙子。

生：我觉得老师讲课时并不是说小红买什么东西，而是把自己放进去了。

吴老师：看来老师把自己搁进去的这事儿你挺喜欢，别老说张三、一条路、一个工程呀，得说你自己的事。我听懂了，谢谢你，非常可爱。

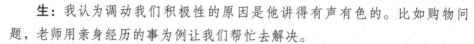

生：老师能调动我们的积极性。

吴老师：怎么把你们调动起来了呢？我看你们又说、又想、又算的。

生：能让我们自己思考，通过自身的经历去讲。

生：我认为调动我们积极性的原因是他讲得有声有色的。比如购物问题，老师用亲身经历的事为例让我们帮忙去解决。

吴老师：第二个问题，平时你也学习解决问题，今天这节解决问题的课，你到底有什么收获？

生：我今天真正的收获是：我以前总是盲目地认为哪家便宜，并没有货比三家，通过今天的学习，我认为应该全方位地去看一下哪家更便宜。

生：我的收获是购买东西时一定要全面地看问题，要先思考一下。

吴老师：原来是盲目购物，今天是理智购物，你的收获很大呀。可是数学课上学的也不都像今天的知识，总是购物呀，有时真需要我们潜心琢磨，其实学习不光是为了好玩的。听了你们的发言，我真的被感动了，今天你们上的课很精彩，应该谢谢谁？正因为你们的老师和爸爸妈妈的教诲、帮助，你们今天才能够这样勇敢，充满智慧，所以我们不要忘记曾经帮助过我们的每一位老师和自己的爸爸妈妈。

三、授课教师反思

在本节课的教学中，我努力给学生提供了大量主动参与数学活动的机会，创设学生平时比较常见的买饮料的情境，并帮助他们在自主探索、合作交流的过程中，综合利用数学知识来分析不同情况下各个商店的优惠策略，主动选择对自己最有利的策略来解决问题。

学生在自主探索中学会观察、分析，学会应用，在学习过程中始终处于兴奋、愉悦、渴求的心理状态，并且每个学生都有表现的机会和获得成功的体验，能够感受到数学来源于生活又应用于生活。在解决问题中，我对学生进行拓展引导，鼓励学生用不同的方法解决问题，激发学生发散思维，并引导学生在多种方法中进行选择，培养他们的决策意识。

通过这节课的教学，我也有一些新的体会与收获。

1. 研究教材，深挖其内涵，创造性地使用教材

学生学完分数、百分数之后，教材中设计了两个综合应用的内容，一个是存款方案问题，另一个就是购物中的数学。书中的知识内容及解决方法很简单，但是数字设计很巧妙。如果只按一个思路是不能够体会到教材编写者的良苦用心的，而且现在孩子们的聪明程度往往超出我们的想象，他们也不会只按一个思路去思考问题。购物问题，在生活中我们会遇到很多，教材中的三种方式各有不同，我认为可以分为两类：一类是在原来价格上直接打折，另一类是赠送同类商品。其实商家还设计了一些打折方式，比如赠送不同类商品（如买车赠锁）、返券……这些都给我们创造性地使用教材提供了素材。

常听到老师们抱怨课改教材练习题力度不够，但实际上教材给老师自由发挥的空间更大了，挑战也更大了。我对多版本的教材进行了比较，发现它们各有所长，但是都与原来的旧教材有所区别，取代旧教材中大量练习题的是训练学生能力及指导学生解决生活实际问题的一些相关知识。所以数学教师应在指导学生解决实际问题上多下功夫，以利于孩子们的后续发展。

2. 生活知识数学化与数学知识生活化

有的老师会问：现在还有人这样买东西吗？我认为是有的。有句老话："吃不穷喝不穷，算计不到就受穷。"讲的是我们的一种传统美德：精打细算、积少成多、聚沙成塔。虽然现在我们的生活水平提高了，但是我认为勤俭节约的精神是不能丢的。学生在学习完这节课后感受到，买东西还是要"货比三家"的。生活中的精打细算靠什么？数学知识。所以数学老师在教

学生知识的同时，还应引导学生体会知识之外的很多东西。

比如，我设计的最后环节是商店老板在提高了商品原价的基础上进行打折，实际上就是我前几年遇到的真事，当然，数字是我设计出来的，我们应该教会学生认识和面对生活中一些不美好的东西，这也是生活的一部分。

3. 基础知识很重要

所有解决问题及综合应用的知识内容，必须以平时所学的知识为基础。吴老师对青年教师提出几点希望：首先是要做夯实基础知识的教师，然后才是教出数学味道、数学品位、数学文化，而到了最高境界则是培养人文精神。所以，我们每一位小学数学教师都应立足本职工作，抓好基础知识。

团队成员感悟

吴老师总是很关注学生们的感受和收获，她要求数学教师"读懂学生"，学生是课堂教学的主体，在课堂上，他们的感受对教学实效有着重要的作用。与学生做朋友，真正读懂学生，走近学生，才是课堂教学实效的有力保障。

吴老师对学生们的教育是潜移默化的，她能够从课堂的点点滴滴中提炼出对孩子的人生有意义的精华，为他们的发展铺就一条光明的道路。她发自内心的对他人的关爱，通过课后访谈简单的总结，传递给了学生们，让他们在快乐的交流中感悟人生。这就是吴老师的教学艺术！

后 记

作为吴正宪小学数学教师工作站的团队成员，我们一直有一个心愿，梳理、总结吴老师多年的教学实践与探索，使之成为一线教师的学习资料，促进教师的专业成长。

《听名师评课》一书是几十位团队成员整理精选的吴老师的评课案例。我们在整理与写作的过程中，不断交流、反思，感悟吴老师的教育思想和理念。这个过程，也是我们学习、成长的过程。

感谢为本书提供案例的教师，感谢所有为本书提供支持和帮助的同道中人，是大家的努力与付出、智慧与辛劳，才使这本书顺利完成。

吴老师对整本书进行了总体策划和最终审订，武维民、范存丽老师对书稿内容进行了修改，鞠淑芳、金英、于萍老师对课例进行了收集和整理，姚颖老师对书稿进行了校对。第一辑编写者：薛铮、王欣、赵震、于萍、孙贵合、倪芳、高雪艳、张艳、许淑一、王彦伟、韩玉娟、王洋。第二辑编写者：张永、陈千举、赵东、王翠菊、刘金玲、赵阳、史冬梅、李朝霞、郭然。第三辑编写者：郭月红、赵震、丁凤良、张继青、杨静、李海艳、祝薇、刘劲苓、刘文波、李继东。

真心地希望我们的研究成果能给小学数学教师带来帮助和启迪，祝愿所有的小学数学教师能在工作中享受到数学教学带给自己的幸福和快乐！

武维民 范存丽
2023 年 12 月